行動力

在苦澀現實中釋出心底的善意

Release the goodwill in the heart in the bitter reality

花瓣雨 著

樂律

留心周遭

練習微笑

無私援助

及時付出

用真誠對待周遭人事物，愛與被愛的記憶永遠傳承

行動是點燃夢想的火炬，在堅持中綻放光芒
善意是生命中的微光，溫暖自己也照亮他人

目錄

第三章　風記得每朵花的香

第五章　走進美麗而豐盈的人生

自序　每個人都有自己的夢想

我們每個人都心懷夢想。有些人夢想成為愛迪生一樣的發明家，有些人夢想成為像瑪麗蓮．夢露那樣備受矚目的明星，有些人則夢想成為麵點師、修鞋匠……無論夢想是大是小，是尊貴還是卑微，它都是每個人心中最崇高的嚮往。

夢想就像一粒種子，一旦種在我們「心」的土壤裡，它就可以生根發芽，開花結果。雖然，通往成功的路往往布滿荊棘與坎坷，但只要我們堅定信念，努力打拚，就一定會實現自己的人生夢想。靠才智贏得成功的歐巴馬以及平民成為偶像等，無不告知人們，每一個需要追尋的夢想，都要經歷一個不懈努力的過程，才能獲得事業的成功。

每個人都渴望成功，然而在芸芸眾生中，我們怎樣才能脫穎而出？怎樣才能實現自己的夢想？本書將引領著你提升人生境界。比如：當你面臨困難時，換一種方式衝破艱難險阻，耐心尋找機遇和出路，也是走向成功的選擇；不管做什麼事情，一定要先付出努力，才能有回報，天上不會掉餡餅，這是亙古不變的真理；對某個事物喜愛到了痴迷的程度，並把它當作畢生的追求，到頭來就會發現，自己收穫的不僅僅是充實和快樂……

成功，無時無刻不在敲擊著人們敏感的神經；成功，幾乎是每個人都在追求的目標。人人都嚮往成功，人人都渴望成功，人人都希望找到夢想成真的捷徑和祕訣。那麼，什麼樣的人才能成就夢想？取得圓滿的成功呢？其實，成功的途徑有很多，每天努力一點點，同樣可以取得成功。成功給每個人的機會都是均等的，但只有用心做事的人才能洞悉它的存在，也只有用心對待身邊事物，才不會錯失任何一次成功的機會，最終實現夢想。

瑞典演員英格麗．褒曼曾說過這樣一句話：「人因為夢想而偉大。」是的，因為人擁有夢想才有奮鬥的方向，有夢想才活得激情，有夢想才活得精采，有夢想才擁有遠方，也才有為目標和理想奮鬥的勇氣。

誠然，夢想是盛開在人生旅途中的一朵花，是成功的指路明燈，然而挫折卻是成功的試金石。或者換句話說，沒有挫折就沒有成功。就像作家奧斯特洛夫斯基所言：

「人的生命似洪水在奔流，不遇著島嶼、暗礁，難以激起美麗的浪花。」

本書全面地呈現了一個個用頑強、堅韌、執著而精心編織的心路故事，為讀者呈現了一個個積極向上、精采絕倫的作品。閱讀此書，希望能啟發讀者的智慧，啟迪讀者的心靈，讓讀者在感知生命之美時，開闊視野、增長知識、感悟生活、了解世界，早日實現自己的人生夢想。

第一章

夢想的實現，離不開強大的行動力

行動力，讓夢想照進現實

行動力，就是自覺自發做事的能力，是指具備超強的自制力。同時能夠突破自己，實現自己想做而不敢去做的，或者是認為自己能力不足的事，制定計劃就下定決心一定要去實現。對我而言，行動力是捷足先登、出其不意、雷厲風行、腳踏實地，是為了追求夢想和成功所做的努力，它涵蓋了生活中的各方面，比如那些善良的、美好的事情，只要我們認為是正確的、該做的，我們就將不遺餘力地努力去做。

那麼要想成功，必須先有夢想和行動力，這兩者相輔相成，缺一不可。美國第二十八任總統威爾遜說過：「人因夢想而偉大，所有的成功者都是夢想家。」

一個人成功與否，也取決於他(她)對夢想目標的熱愛與追逐程度。有些人為夢想努力了一段時間，路途中感到枯燥無味，忍受不了孤獨與寂寞便放棄了追求，到頭來一事無成。有些人則義無反顧地向著目標挺進，無論遇到任何艱難險阻，都努力向前，最終看到勝利的曙光。無論是四肢健全者，還是身障人士，當我們每天迎著嶄新的太陽出發時，目標取向已決定了你是否能有所收穫。夜幕低垂下有人空著行囊而歸，有人卻滿載而歸。成功必須堅持不懈地沿著目標走下去，直到夢想成真。

每個人的夢想都是那麼美好、遠大，但唯有鍥而不捨去實現夢想的人，才能插上夢想的翅膀去飛翔。不管前方有多麼泥濘，多麼坎坷，我們都會為了最初的希望而勇敢地走下去。我們懂得，是夢想在我們摔倒時告訴我們趕快爬起；是夢想在我們遇到風雨時告訴我們勇往直前；是夢想在我們失敗時告訴我們永不言棄。夢想讓我們在黑暗中看到了光明，看到了明天的希望。

人的一生始終圍繞著夢想，擁有夢想的人，才擁有未來。一個人只有堅持夢想，沿著夢想的路堅持不懈地行進，才會看到他人看不到的風光，享受到他人享受不到的幸福，獲得最終的成功。

轉個彎，夢想就會實現

他生活在臺灣彰化縣一個知識分子家庭，父母都是醫生，哥哥也從事醫學，唯有他從小「叛逆」，他非常喜歡電影。六歲的時候，他為看一場露天電影一個人跑出了數公里之外，父母因為找不到他而嚇出了一身冷汗。

成年後的他，依然對電影痴心不改，就像每一個電影發燒友的心中總埋著一個電影夢一樣，在他的心裡始終有一個夢想，就是期待有一天自己也能拍出一部好看的電影。可是，夢想不會從天而降，要想拍電影，勢必需要一大筆資金投入，可是到哪裡去籌集這一大筆資金呢？

就在他覺得萬分沮喪的時候，他的父親來到他的身旁，說：「孩子，陪父親一起去看火車好嗎？」他心裡不禁嘀咕起來：父親這是怎麼了？怎麼突然想起去看火車呢？他依稀記起小時候總是喜歡纏著父親一起去看火車，每次看火車從身旁呼嘯而過，他就會很興奮。後來長大外出求學，火車坐過N多次，對看火車也早已失去了興趣。可是看著父親期待的眼睛，他還是跟著父親一起出了門。

他們終於來到一個看火車的最佳位置，正好一列火車從由東向西滾滾而來，父親問他：「你知道這列火車的目的地是哪裡嗎？」他說：「我當然知道，因為火車上寫得清清楚楚，是去往北方的一個城市。」父親說：「那它走的方向怎麼是由東向西，而不是由南向北呢？」他說：「爸，你糊塗了嗎？你沒看到前方的山擋住了它的去路嗎？只要轉過這個彎它就可以由南向北走了。」父親意味深長地說：「是啊！前進的道路上總是很曲折，許多時候，常常需要轉個彎，才能到達理想的境地。」父親的一番話，讓他突然如夢方醒。

回到校園，他開始努力學習。一次，他以「臺灣 BBS 網路小說社群與其迷文化」為題目寫了一篇畢業論文，闡述了「臺灣網路小說要重視在 BBS 連載發表並且與讀者互動」的重要性，由此也引來了許多人的共鳴。這讓他深切體會到，小說的重點在讀者，臺灣網路小說與大量年輕人的「迷」社群文化密不可分。於是，他從中看到了網路平台巨大的潛力，從而開始了他網路小說的創作。

他對文字有著與生俱來的天分，沒過多久他便寫出了網路小說《恐懼炸彈》、《語言》、《影子》、《異夢》等作品。一九九九年因為《功夫》在 KKCity BBS 站連載而備受矚目，從此他對寫作產生了更加濃厚的興趣。

這個從網路社群竄出來的寫手，曾連續十四個月每月出版一本新書，這是一種驚人的創作量。而且他所涉獵的題材各式各樣，不受拘束，包括武俠、愛情、奇幻、恐怖和校園，而他幾乎每本書都受到了熱捧，銷量也相當不錯。其中，《那些年，我們一起追過的女孩》在全臺大賣。

就這樣，十幾年下來，他已經累積出版了六十多本書，他的版稅也越聚越多。有了一定資金的他終於可以實現自己的電影夢了。因為在《那些年，我們一起追過的女孩》故事裡，有他青春時期最難忘的記憶，所以他決定把它拍成電影。然而，他的決定遭到了一些人的質疑，甚至有些人在等著看他的笑話，認為他不會有好票房。可是沒人會相信，一名網路作家的電影處女作，竟然在票房上所向披靡，上映僅短短十一天，就拿下新臺幣一億七千萬元的驚人票房，創下臺灣影史上「最快破億」的紀錄，成為當年臺灣電影最賣座電影排行榜第二名。

在香港，《那些年，我們一起追過的女孩》也進入香港影史上華語票房前十名，更打破保持該紀錄長達八年的港片《無間道II》的首週末八百九十四萬元票房，以及後來的《色．戒》首週末一千一百四十一萬元票房。他就是被媒體封為金庸傳人，被譽為「網路文學經典製造機」，並創造了一個電影神話的網路作家兼新銳導演九把刀（原名柯景騰）。

對於他的成功，素有「偶像劇教母」美名的柴智屏在評價他時說：「他的成功並非一朝一夕，除了他高超的說故事能力和他敘事的電影感，其餘都是靠他的努力實現得來的。」是的，一個努力去實現夢想的人，才有可能成為一個成功的人。

然而，他的成功再一次告訴我們：要想實現遙不可及的夢想，有時還必須轉個彎，努力去建構金色的橋梁，夢想就一定會實現。

智者，才會珍惜一切展示自己的機會

二〇〇八年，歐巴馬競選美國總統時，美國人都覺得很不可思議。他既無家庭背景，也無政績可言，他的知名度又比希拉蕊低得多。更何況，在一個受種族歧視的國家，黑人又怎能比得過白人？然而，令人大跌眼界的是：這個黑人真的當上了總統！有什麼魔力，能讓如此多的選民將寶貴的一票投給他呢？

那還得從他的暢銷書說起。一九九五年，歐巴馬的第一本書《歐巴馬的夢想之路：以父之名》出版了。出版社約他寫這本書的初衷，是他在一九八九年當選為《哈佛法律評論》的主席，成為該刊歷史上第一任黑人主席，但他的書在當時賣得並不理想。然而二〇〇四年，當歐巴馬站在美國民主黨全國代表大會的講臺上時，他那慷慨激昂的演講和他的談吐以及他的睿智，一下子讓他成為政治明星。他的演講既鼓舞人心又極具雄辯力，既表達了他鮮明的觀點，又展示了他駕馭語言的能力。人們吃驚地發現，原來語言內容和形式的巧妙結合，竟然可以達到如此的溝通效果，可以如此激動人心！因此，那本賣不動的書立刻上呈現出「洛陽紙貴」的局面。

這次民主黨代表大會後，「歐巴馬」成為人們口中提到的頻率最高的名字。在人們潮水般的喝采聲中，這位不凡的寫手也沒閒著，他再接再厲，二〇〇六年又寫出了一部自傳《無畏的希望》，使他在二〇〇七年的版稅收入增加到了四百一十萬美元，而此時也是他宣布競選總統的時刻。

在這次競選中，為他而瘋狂的人，顯然是那些在二〇〇七年就已經買他書的人，並因此成為他的「死黨」。所以說，如果沒有他上百萬冊暢銷書的召喚，恐怕他都很難湊夠獲得民主黨提名的票數，更何況是競選總統！

正如在馬侃共和黨全國代表大會上，已出局的總統候選人、前紐約市長朱利安尼發表講話為老友馬侃加油助威時，他曾挖苦歐巴馬說：「這個年輕人，什麼事都沒做，寫了兩本書，就妄想著能當上總統。」

然而，隨後發生的事情卻讓他心服口服。那是二〇〇七年聖誕節，前紐約市長朱利安尼在一位民主黨人的朋友家參加聚會。在那裡他大談希拉蕊的前景，一位客人打斷他說：「這年頭，你要看看歐巴馬的書再說。」當他打開自己的聖誕禮物時，發現竟是歐巴馬那本暢銷書《無畏的希望》。之後，他的觀點便發生了徹底的變化，他曾在公開場合由衷地讚嘆歐巴馬，並給予他很高的評價：「他的人生將由他的暢銷書改寫，他的家庭背景讓我們相信，美國有希望成為一個更具包容力的國度。」

二〇〇九年歐巴馬成功進駐白宮後，美國人的「希望」變成了現實。在歐巴馬執政百日之際，不僅他的政績和民調成為媒體的焦點，他的暢銷書也頗受媒體的關注。所以，他的崛起，相當程度上緣於他的言辭，特別是他的自傳，也就是他寫過的書。也可以說，歐巴馬是因暢銷書成就的總統。

其實，不論是從政或從商的成功者，都是多種文化色彩的疊加才能使之問鼎某一領域的巔峰。而寫書正是一個人聰明才智的展示，你的思想、文化、道德、創造力等，均會展現得淋漓盡致。所以，智者才會珍惜一切展示自己的機會，就像歐巴馬一樣。

生活是一棵長滿可能的樹

愛的接力

很不幸，三歲時，他因發高燒而導致小兒痲痺症，造成下肢肌肉萎縮變形，從此不能行走。這還不算，父親在他六歲時因病去世，不久之後，母親也離家出走，從此再也沒有回來，只留下了他和年邁的奶奶相依為命。

轉眼到了上學的年齡，每天坐在大門口看著孩子們背著書包去上學，他便央求奶奶說：「奶奶，我也要去上學。」奶奶撫摸著他的頭無奈地說：「孩子，不是奶奶不想讓你上學，實在是奶奶無能為力啊！」是的，這兩年他的個頭越來越大，體重越來越重，奶奶每天能把他從屋裡背到大門口，已經實屬不易，怎麼還有力氣把他背到學校裡呢！

可是，他是多麼想上學啊！終於有一次，趁奶奶不在家，他自己硬是爬著從家裡一點點爬到了學校。當學校的老師發現了他，把他送回家時，看著他因摩擦而血跡斑斑的手和滿身的泥土，奶奶心疼地抱著他哭了，說：「孩子，奶奶一定想辦法讓你上學！」可是，他心裡很清楚，上學對他來說實在是遙不可及。

然而，第二天早上，當他坐在大門口再次羨慕地目送著同齡的孩子們上學時，那位送他回家的老師突然來到他身邊，蹲下身來說：「快上來，我背你去上學。」他驚訝得不知所措，一遍遍地問老師：「這是真的嗎？我真的可以上學了嗎？我不是做夢吧！」

原來，就是這位老師把他的情況向主任做了匯報，校董會最終討論決定，由學校幾位年輕的老師輪流背他上學，並減免他的一切學雜費。

他就是我上小學時的一位同學，在愛心人士的接力下，他坐上輪椅，後來上了中學和大學，而且成績優異。如今，工作之餘，他熱衷於公益事業，並立志今生用自己的愛心來努力回報這個社會。

母親的戒指

上三年級時，她在學校參加藝文表演，老師要求女生穿白上衣和花裙子，但那時，因為奶奶常年纏病在身，家庭條件十分拮据，她知道，家裡根本沒有閒錢替她做白襯衫和花裙子。於是，她只好主動對母親說：「算了，節目我不演了，還是讓老師換別的同學吧！」母親聽後，斬釘截鐵地說：「那怎麼可以？我不能讓女兒退出表演，我來想辦法吧！」母親的心意，她懂。可是面對一貧如洗的家境，她絲毫沒抱任何希望。

奇蹟出現在第二天早上。當她從睡夢中醒來時，一件白襯衫和一條花裙子已經整整齊齊放在她的枕頭邊。她驚訝地瞪大了眼睛，不停地問母親：「這怎麼回事？」母親笑吟吟地說：「媽媽是孫悟空，會七十二變呢！」她當然不相信衣服是媽媽變來的，便開始追問奶奶，從奶奶口中她才得知事情的原委。

原來母親為了讓她參加演出，把結婚時的一枚戒指賣掉了，又從商店裡買來了白布和花布，並連夜為她趕製了這套衣服。

多年後，她曾責怪母親：「您怎麼把結婚戒指賣了，那可是父親送您的最珍貴的禮物啊！」母親卻說：「如果那年妳沒有參加演出，那將給妳的童年帶來多麼大的遺憾啊！有什麼禮物能比得上女兒的幸福更重要呢！」母親的話，讓她頓時淚流滿面。

從嘲笑中走出

在一堂作文課上，老師讓同學們寫一篇命題作文「我的理想」，等同學們寫完後，老師點名讓一個女孩朗讀她寫的作文，女孩捧著作文字大聲朗讀起來：「我的理想是當一名作家！」還沒等她讀下文，全班同學立刻哄堂大笑，並對她議論紛紛，更有調皮的男生乾脆大聲說：「她要是能當作家，我以後就倒著走。」

最終她沒有把作文讀下去，而是含著眼淚說：「總有一天我要證明給你們看！」說完，她哭著跑出了教室。

可是仔細想想，同學們的嘲笑也不無道理，因為一直以來，女孩的成績總是在班上倒數。女孩生來腦子笨拙，但她卻迷戀上了安徒生的童話，尤其喜歡安徒生的《賣火柴的小女孩》，很多次，女孩都被「賣火柴的小女孩」的故事而感動得淚流滿面。漸漸地，女孩喜歡上了讀書，喜歡上了寫作。

為了這份執著，女孩把同學們的嘲笑化作了動力——我一定要成為作家。於是，她開始更加努力地學習，每當同學們在一起玩耍時，她卻靜靜地坐在角落裡讀書。

一次，同學們都放學回家了，她還沉浸在故事裡，居然忘記了時間，直到暮色降臨，母親找到了學校，她才依依不捨地跟隨著母親起身離去。

付出就有回報，從她的第一篇文章在報紙發表，到源源不斷地作品發表，如今的她早已是頗有名氣的作家了。

其實，生活本來就是一棵長滿可能的樹。不管我們曾經遇到過怎樣的艱難與困苦，只要人情在，夢想在，生活總會有發生奇蹟的可能，總會有嶄新的希望在人生的轉角處向我們招手致意。

第二章

機遇總在轉彎處拓寬生命之路

行動力決定機遇

競爭激烈的商戰中，化機遇為高效的行動力是戰勝對手的重要因素。有時候，瞬間的閃念便可能是一次契機，而這種閃念就來源於我們善於發現的眼睛，以及我們感悟的心靈。當我們甘於在一個地方過平凡一生時，留戀於一時的安逸，卻可能會帶來一世的平淡。雖然改變也許是一個艱難無比的過程，卻可以向著夢想中的生活前進，所以我們要執著。只要不熄滅心中希望，就一定會有所收穫。

在這個世界上，機遇對於所有人都是公平的。就像行走在林中，有人看到滿地斑駁的影子，有人卻看到的是一地點點的陽光。一顆靈心，一雙慧眼，就是成功的關鍵。商場上出奇制勝的例子數不勝數，員工的智慧之和，便是一本經商的祕籍，給自己的員工足夠的發揮空間，便會創造出巨大的財富。只有愚鈍的老闆才會低估員工的智慧，聰明的老闆會將權力下放到員工身上，使其充分發揮自己的創造力。

在商業運作中，大凡創造出商業奇蹟的人，都有平凡中超凡的智慧。其實每個人都可以透過自己的智慧去創造出大的價值，只不過我們還沒有真正了解到自己的價值所在。一顆極其普通的蘋果落地，就有自由落體和加速度的發現。我們身邊每天發生無數的事，都可以用智慧的眼睛去打探，從而獲得價值。

除了智慧，還要有開拓進取的心。透過開拓和進取，充分地把人的創造潛能挖掘和發揮出來，最大限度地發揮積極性與主觀能動性，這是我們每個人苦苦思索與追求的。其實商機無處不在，看你是否去把握、去尋找，誰不失時機地抓住了機遇，誰就會得到意想不到的財富。機遇就是生活，生活就是機遇。機遇只偏愛那些有準備的人。

在日常交往中，許多細微環節常常是決定勝算的重要砝碼，誰掌握了這些細微之處，誰就能順利過關；誰忽略了這些環節，誰就會頻遭敗績。

所以說，如果沒有行動力，就算機遇擺在你的面前也無濟於事。沒有行動力，再美麗的藍圖也只會是水中月、鏡中花。

兩瓶水「擊敗」對手

拉斯維加斯是美國內華達州的最大城市，也是周圍荒涼的沙漠和半沙漠地帶唯一有泉水的綠洲。所以，這片神奇的土地日趨繁榮，由於拉斯維加斯一向以賭博業為中心的龐大的旅遊、購物、度假產業而著名，因此，各大飯店也是琳瑯滿目。

青年卡特看著這些生意興隆的飯店，他很是羨慕，夢想著什麼時候也能開一家屬於自己的飯店，只是一直苦於沒有合適的店面。沒想到機會說來就來。在一家大型飯店旁邊，房主因移民而將一個五層樓房低價轉讓，這無疑是個絕好的機會。得知消息後，卡特激動萬分，接下來，談判、籌款、接手，一切都進行得非常順利。

為了與相鄰的大飯店抗衡，卡特還專門請來了國家一流的設計師，一個月後，終於打造出一個以沙漠中的海市蜃樓為主題的「夢幻飯店」。看著如此金碧輝煌的傑作，卡特信心滿滿，終於在一個良辰吉日，他的「夢幻飯店」隆重開業了。

然而，令卡特措手不及的是，開業後，他的飯店便冷冷清清，而與他競爭的飯店仍然是生意興隆。卡特每天就這樣眼睜睜地看著客戶走進對手的飯店，而他卻束手無策。

就這樣，一個月過去了，兩個月過去了，他的飯店還是絲毫不見起色，他為此苦惱極了。如果再這樣下去，他就必須將飯店關門了，而他的夢想也會隨之破滅。

這天，心灰意冷的他來到了附近一個村子裡。以前每當卡特遇到不順心的事情時，他都喜歡到村裡來找一個老人指點迷津，而這個老人早已和他成了忘年之交。

老人看他愁眉不展，便主動與他攀談起來。於是，卡特將自己近期的遭遇一股腦地告訴了老人，並希望得到老人的明示。

老人聽完他的訴說，並沒有立即回答他，而是讓他陪著自己一起到村外去散步。他心想，都火燒眉毛了，哪還有心思出去散步？但礙於老人的面子，也不好拒絕。他們一起走出了村莊，沿著崎嶇的小路，不一會兒來到了村外一個集市上。只見前面幾個賣桃子的商販在那裡吆喝著：「賣桃了！賣桃了！好吃不貴。」可是，來他們的攤位前買桃子的人卻寥寥無幾，而其中有一個賣桃子的商販雖然沒有吆喝，但他的攤位前卻圍攏了很多人，這不禁引起卡特的注意。

原來，這個商販每賣出一袋桃子，都外加一瓶自來水。這讓他很不解，便上前問商販：「你為什麼要送他們一瓶自來水呢？」商販回答說：「是這樣的，我發現很多人買完桃子後，總是迫不及待地想嘗嘗鮮，於是就將桃子在衣角上擦一擦就吃掉了，這樣很不衛生，再加上桃子上有毛刺，如果鑽進衣服裡會很癢的，所以送瓶自來水讓他們便於洗桃吃。」

聽了商販的話，卡特突然恍然大悟。他急忙謝過身邊的老人，轉身回到了他的飯店。他首先跟一個純淨水公司簽了合約，讓他們每天送來所需的純淨水，又召集員工布置了一番。之後每當有客人來吃飯，客人結完帳後，服務生都會免費送上兩瓶純淨水。久而久之，老顧客也越來越多。

兩年後，卡特的「夢幻飯店」，生意越來越火紅，知名度也越來越高。而他對手的飯店卻日漸衰敗，不久後，便被「夢幻飯店」吞併。

成功之後，當記者問起他怎麼想起送水時，卡特說：「是賣桃子的商販提醒了我。因為在我們城市的周圍屬於沙漠和半沙漠地帶，天氣比較乾燥，送兩瓶清涼的水，不僅讓客人在沙漠裡開車的時候有水喝，更重要的是可以讓客人體驗一下被關懷的溫暖。」

正是這種細緻入微的人性關懷，也才使卡特最終以兩瓶水擊敗了對手。

機遇總在轉彎處拓寬生命之路

泰國東部的第四大島嶼「狗骨島」(Koh Kood)，因其建在樹上的「鳥巢餐廳」而吸引了成千上萬的遊客前來觀光體驗。

在樹上建造「鳥巢餐廳」，你一定聞所未聞。那麼，讓我們一起走進泰國去探個究竟。

泰國一向以優美迷人的熱帶風光、廣博的佛教文化和獨有的民間風俗而蜚聲海外。無論你是意在尋訪古代遺跡或是期待觀賞稀有鳥類、蓊鬱的熱帶植物或是想一試騎著大象穿過叢林之旅，置身於這個美麗浪漫的國度裡，都會給你無數驚喜。因此，這裡也吸引著世界各地的遊客前來觀光旅遊。

泰國東部的第四大島嶼「狗骨島」，一直有一片淨土未被開發，這裡同樣有著原始的熱帶雨林、令人驚奇讚嘆的淡水瀑布、傳統的民居漁村，清澈見底的海以及潔白的沙灘……但很久以來卻一直無人問津。

十幾年前，Six Senses 公司決定在這裡開發索尼娃奇瑞生態度假村。消息傳來，人們無不振奮。可是，同樣神奇美麗的自然風光和獨特有趣的別墅在泰國隨處可見。那麼以怎樣的創意才能將遊客吸引過來呢！

那天，以 Six Senses 公司負責人索努．希夫達薩尼為首的考察團前來「狗骨島」考察，發現在原始的熱帶雨林裡很多蒼勁的大樹上坐落著許多的鳥巢，鳥安居在鳥巢裡，不時放聲「高歌」，彷彿在讚美「狗骨島」的美麗。

這時，考察團裡不知誰說了句：「人要是變成小鳥多好啊，這樣就可以坐在鳥巢裡飽覽狗骨島風光了。」說者無心，聽著有意，索努突發奇想，這真是個不錯的創意，為什麼不在那些蒼勁的大樹上建造一些「鳥巢餐廳」，以此來吸引遊客呢?當索努把這個想法告訴大家時，大家都很興奮，紛紛表示贊同。於是，在樹上建造「鳥巢餐廳」的創意，經過多方研究決定，最終成了度假村的重點工程。

首先，Six Senses 公司在建造「鳥巢餐廳」時，所選用的都是上好的松木，並配合泰國人造樹林所種植的尤加利木材及泰國中部盛產的馬來甜龍竹作為建築材料，以保證「鳥巢餐廳」的安全。

終於，經過五年時間，「鳥巢餐廳」完美竣工。放眼望去，這些「鳥巢餐廳」像一道靚麗的風景，瞬間吸引了很多遊人。

「鳥巢餐廳」為遊客提供了一個全球獨一無二的樹上用餐享受，讓賓客在一個新奇而私密的環境中融入大自然的懷抱。然而，「鳥巢餐廳」因為面積小，所以最多只能容兩個人用餐，不過，在這裡可以讓你享受畢生難忘的浪漫二人世界。當然，餐廳用餐兩人將收費兩百八十三英鎊。

「鳥巢餐廳」最特別的是上菜方式了，在服務生透過吊索送上美味餐品及頂級香檳後，旋即就會消失在你的視線中。

在「鳥巢餐廳」用餐，如果遇到晴好天氣，陽光會斑斑點點散落身上，十分愜意。放眼四周，滿目翠綠；海邊美景也美得像畫一樣，因此，越來越多的遊客都喜歡來這裡觀光體驗。最主要的是，「鳥巢餐廳」還給「狗骨島」索尼娃奇瑞生態度假村帶來了源源不斷的財富。

機遇總在轉彎處拓寬生命之路，創意總在奇特的角落綻放迷人光彩。從某種程度上說，在財富的道路上，方向決定命運，創意決定成敗。而企業的品牌，正是靠無數奇特的創意贏得的未來。所以大膽想像、勇於創新，就一定會贏來財源。

選擇薪水最低的公司

他是一個日本人，從小就對汽車感興趣，夢想著有朝一日也能擁有一家屬於自己的汽車公司。然而他對汽車的知識也只是皮毛而已，所以大學畢業後，他選擇去汽車公司就職。

當時，透過履歷投遞，已經有三家汽車公司向他投來了橄欖枝。而這三家公司的薪水卻天差地別，最高薪水和最低薪水的公司居然相差兩萬多日元。當然，任誰也會選擇薪水最高的公司，而令所有人沒有想到的是，他居然選擇了那家薪水最低的公司。

進公司後他就開始潛心研究汽車的效能。他發現這家公司的車體使用的是效能良好的剛性支架，再加上安裝的是全時四輪驅動系統，也就是當汽車的四輪發生打滑時，能自動調整，以保持輪胎抓地力。所以在高速轉彎，或者發生碰撞時，它比一般轎車更沉穩，相對來說具有更高的安全係數。

多年後，他帶著一流的汽車技術，終於成立了自己的品牌汽車公司。他的公司理念是：「如果你打算造一部汽車，那就造一部成熟的汽車。」憑藉著這一理念，他的公司做得風生水起，在日本享有很高的聲譽。成功後的他被記者團團圍住。當記者問起他：「當初為什麼選擇那家薪水最低的公司？」他若有所思……

原來，當時心思縝密的他不斷蒐集汽車方面的新聞和數據，突然他在報紙上看到這樣一則消息：在韓國南部一個高速公路上，一輛汽車在試圖超車時，因失控撞在護欄上又彈了回來，進而引發了連環相撞的重大事故。

在這場災難中，共有十二輛車相撞，而這些汽車幾乎都是車翻人亡。它們分散在高速公路上，軋扁的金屬和破碎的玻璃隨處可見，還有的汽車撞在金屬護欄上，場面慘不忍睹。

然而，就在人們嗟嘆這飛來的橫禍時，細心的他，卻從中看到了潛在的東西在這場車禍中，令人沒有想到的是，有一輛轎車，雖然車身被撞得支離破碎，但這輛車卻平穩地停在地面，而車內的司機也完好無損。

他感到很震驚，這不正好是給出薪水最低的那家公司所造的轎車嗎？萬萬沒想到正是這家公司的轎車，保全了人的性命。這讓他眼前一亮，這輛轎車日後的銷量一定會超過另外兩家薪水較高的公司。而這家公司的轎車，無論從車的外觀，還是車的價位，都相對容易被人們接受，於是，他毫不猶豫地選擇了那家薪水最低的公司。

事實也正如他所預料的一樣，幾年的時間，這家公司名聲大噪，薪水也水漲船高，早已超過了當初應徵時的另外兩家公司。

雖然生產一種能讓人們買得起的、具有良好效能的汽車在技術上是非常難的，許多製造商都不願意接手這一難題。然而，這位日本人卻憑藉其強大的技術實力接受了這個挑戰。儘管這條路走了很多年，但他卻獲得了巨大的成功。

其實成功與否，不僅在於你付出了多麼大的努力，還有你用心觀察的眼睛，而他之所以選擇薪水最低的公司，就是因為從中看到了公司發展的廣闊前景。

一朵花也代表春天

班傑明・富蘭克林說過：「成功的第一要素是懂得如何處理好人際關係。」人的一生，不知要和多少人打交道，要想成功，首先得懂得處理好人際關係。而在交際的環節中能否抓住細節，直接關係到交往最後的成敗。

曾看到過這樣一個故事，印象十分深刻。一位保險業務員，專門負責推銷兒童保險業務。好不容易見到目標客戶，對方卻給了她一枚硬幣，說是給她回家的路費。這名保險業務員十分生氣。就在她扭頭要走的那一瞬間，看到客戶的辦公室裡掛了一張和客戶十分相像的小孩畫像，於是她對著畫像深鞠一躬，說：「對不起，我幫不了你了。」客戶大驚，急忙為孩子買了一份保險，於是頭一單生意就這樣談成了。因為這個客戶最愛的是他的兒子，所以他才把兒子的畫像掛在辦公室裡，保險業務員正是抓住了這一點，才讓自己的第一筆業務順利完成。多麼微小的一個細節呀，卻在關鍵時刻產生了四兩撥千斤的作用。

每個人的內心，都有其柔軟的一面，當他拒絕你時，千萬不要死纏爛打，而要善於觀察，從細微之處著手，找準對方關心的事情，消除其抗拒心理，這樣才能順利溝通。其實，人與人之間的溝通就是如此。

為李嘉誠工作了十四年的盛永能（前和黃集團財務董事），這一輩子恐怕都不會忘記，一九八四年七月的一個晚上，他接到李先生從香港打來的電話，邀請他加入和黃集團工作。談好工作性質和條件後，李先生說：「星期一是你的生日，我在此預祝你生日快樂。」盛永能說這是他收到最好的一份生日禮物，因為太出乎他的意料了，沒想到李先生在對待員工的細節上做得如此圓滿。很快，他便飛到香港開始在和黃上班，而且一直做到退休。

一句簡單的問候，化解了人與人之間的隔閡；淡淡的溫情，拉近了心與心之間的距離。交際場上，這些瑣碎、細微的話語常常蘊含著暖人的力量。

除了與人交往中的細微問題，個人在服飾、言談舉止等方面的細緻也是至關重要的。有這樣一個故事，一家大公司對外應徵公關經理，經過層層篩選，一個年輕人進入了大家的視野。面對各種提問，他都能對答如流，這正是一個公關經理所必備的。

然而，在最後的總經理面試中，他卻被淘汰了。原因是，面試結束，當他走出總經理辦公室時，總經理突然發現他的一邊袖口上少了一顆鈕扣，所以被淘汰出局。

作為一個公關經理，當面對客戶時，你的一丁點疏忽，哪怕只是你的服儀不整齊，都有可能導致一場談判的失敗，因為這不僅關係到你個人形象，也直接關係到一個企業的形象。而你在應徵的場合卻忽略了這看似不起眼的環節，又怎麼能進公司做公關經理呢？

在日常交往中的，許多細微環節常常是決定勝算的重要砝碼，誰掌握了這些細微之處，誰就能順利過關，穩操勝券；誰忽略了這些環節，誰就會頻遭敗績。這正如澆花，聰明的花匠會把每一片葉子都擦洗得油亮，把每一朵花都澆灌得翠鮮，因為他們深知，每一株花草都是不可忽視的生命，花總會在不經意間把花香留給世界，芳香整個春天。

風景就在轉彎處

那年，學校舉辦了一場以自然風光為主題的繪畫比賽，優秀作品將被推薦到全國畫展，這對於美術界的學子來說，無疑是一次展示自己的好機會。於是，美術班的幾個才子便約好了一起到野外去寫生，他們每個人都希望能找到一處絕美的風景，畫出不同凡響的圖畫，因為這將為他們的將來打下良好的基礎。

那時正值夏日，他們一路狂奔尋找著理想的風景。可是他們可能高估了自己的體力，在頂著烈日走了不到兩小時的路程以後，一些市區長大的孩子已經體力不支。這時，已經有一些人打起了退堂鼓，後悔真不該出來找什麼風景，其實在他們學校裡就有假山假石，憑他們的繪畫能力，畫出來的畫照樣可以參展，又何必出來受這個罪？

只有他，一個沉默寡言來自於鄉下的孩子，仍然決定繼續找下去。那些市區的學子們笑話他是死腦筋，在充滿了譏諷的告別聲中開始返程。而他依然邁著堅定的步伐尋找著。可是在他又走出很遠的路程後，依然沒有找到他想要的風景。這時，他很灰心，而且已經很累了，他也打算返程。然而他又心有不甘，便想著再往前走走看。就在他走出十分鐘後的一個轉彎處，突然奇蹟出現了，在他的眼前，有一座峻峭的山峰，他走近後，發現山的峭壁上生長著紅黃相間的野花，那鮮豔的野花高傲地綻放在陽光下。這時，他急忙拿出畫板和畫筆，全神貫注地描繪那撥動人心的畫面。

正是這幅展示大自然美麗和頑強生命力的畫，過五關斬六將，最終被送往了全國畫展。由此，他被一位知名畫家收為門下弟子。多年後，他也成了知名畫家，而曾經的那些學子們有的已經改行，有的至今碌碌無為。

生活中不乏轉彎處的風景。我有一個同學，那年，他所在的公司很不景氣，常常發不出薪水，然而很多人都不願捨棄它，因為怕出去連一份工作也找不到。而我的同學父母多病，因為要養家，毅然辭掉了那份工作。他先是在一家服裝店做採購員，一段時間後，他發現服裝的利潤非常大，便又辭掉了那份採購員的工作，包了一間小小的門面，自己做起了服裝生意。由於他有過採購的經驗，懂得市場行情，進的服裝很好賣，所以，每天店裡的人絡繹不絕，他的生意蒸蒸日上。生意好了，他手裡也開始有了一定的資金。

就在這時，他聽到在黃金地段有一家大的服裝店要轉讓，他經過考察後又貸了一部分款，頂下了這家服裝店。由於他善於經營，很快他便還完了貸款。兩年後，他已經是一個身價千萬的大老闆了，而那些昔日的同事，仍然停留在過去的那種生活當中。用他的話說，是一次次的轉彎完成了他人生的蛻變。

人生的旅途中，沒有一帆風順。或許轉個彎，才能在「山重水複」中，看到「柳暗花明」。轉彎才能在逆境中獲得重生，在徬徨中獲得自信，在競爭中獲取成功。勇敢地走下去吧！因為，風景就在轉彎處。

善念在行動力中獲得善果

提起菲律賓克拉克小鎮，人們首先想到的就是它的自然風光、風土人情，還有它蜚聲海外的呂宋香芒和純正雪茄。然而近年來，在菲律賓克拉克小鎮，「貓屎咖啡」也讓麝香貓也贏來了它的千金身價。

然而就在幾年前，麝香貓還是菲律賓一些商人棍棒下的獵物。那麼，是什麼讓麝香貓搖身一變價值千金了呢？

原來，克拉克小鎮的氣候溫潤，四季如春，很適合麝香貓的繁衍生存。那些散發著麝香味的麝香貓，一直以來總是大搖大擺地在克拉克小鎮與田野之間自由穿行，因為小鎮上的農民不曾傷害牠們。

就在幾年前，克拉克小鎮的農民為尋找發家致富的門路，開始大面積種植咖啡，並和城裡一些商人簽訂了供貨合約。沒想到的是，當咖啡即將成熟的時候，農民們卻發現，那些野生的麝香貓居然跑到種植園裡偷吃咖啡果。到了繳貨的時間，種植咖啡的農民們遲遲無法將咖啡上繳給商人，這讓商人非常惱火，於是，在了解情況後，那些商人便指使農民們捕殺麝香貓，以此保證咖啡能正常供貨，但農民們說什麼也不答應。

在遭到農民們的強烈反對後，商人們一氣之下從城裡召集了一些無業遊民，帶著棍棒來到了克拉克小鎮，準備棒打麝香貓。聞訊趕到的農民，立刻出面阻止，並對商人說：「我們可以傾家蕩產賠償你們損失，但要想打死麝香貓，除非把我們小鎮的人全打死。」看到農民們態度強硬，那些商人只好收起棍棒氣急敗壞地離開了小鎮。

農民們阻止了一場捕殺，但依然阻止不了麝香貓繼續偷吃咖啡果。一天，克拉克小鎮的農民們一籌莫展地站在種植園裡，這時幾隻麝香貓卻旁若無人地在他們面前排便，然後對著農民們「喵喵」地叫個不停。農民們對這些無知的麝香貓感到無可奈何。突然，面前那幾隻麝香貓就像為了提醒農民們似的，紛紛用爪子把自己的糞便扒拉開來，露出了一顆顆珍珠般的咖啡豆。農民們立刻覺得眼睛一亮，那些咖啡豆個個完好無損，為什麼不能把它們製成咖啡呢？

於是，他們急忙將麝香貓扒拉出來的咖啡豆揀拾起來，用天然泉水洗淨，再加工成咖啡。出乎意料的是，貓屎咖啡的味道十分醇香、鮮美。這下，農民們疑惑了，貓屎咖啡為什麼如此醇香呢？

據專家介紹，麝香貓生活在叢林中，棲息於樹上，夜間才出來活動。牠們吃下咖啡果卻無法消化果實中的咖啡豆。在穿越麝香貓消化和排遺系統的過程中，咖啡豆經過多種酶和酸的「歷練」，去除苦澀，並散發出獨特的水果芳香來。

自然，這些「貓屎咖啡」售價不菲，美國紐約一家咖啡店所售貓屎咖啡豆價格居然高達每公斤七百四十八美元。住在克拉克小鎮一個名叫戈德．西巴延的農民說，每年三月至五月咖啡收穫的季節，他和妻子一天最多能撿八公斤麝香貓排出來的咖啡豆，經過清洗後，一公斤貓糞咖啡豆售價一千兩百比索（當時約合二十八點七五美元），是普通咖啡豆的五倍，夫婦倆一天收入兩百三十美元。麝香貓瞬間成了不少人發家致富的法寶，而一隻麝香貓的身價竟然也高達千金。

愛心換來善果。菲律賓農民對麝香貓的保護，使他們得到了豐厚的回報。可見，只要你心存善念，就一定會在行動中獲得善果。就像春天撒下種子，播種人一定會在秋天的陽光裡收穫甘美的果實一樣，讓你豐收滿滿。

其實，你只是一粒沙

表弟小唐大學畢業後，躊躇滿志地到一座城市求職，他很快便入職到一家公司。可是沒想到，明明他應徵的是業務員，主管卻只安排他一些打雜的工作。看到別人都在做業務，自己卻每天打水掃地，小唐心裡很不平衡：我是一個大學生，卻做些不上臺面的事，這不是埋沒人才嗎？

沒過幾天，他又到另一家公司應徵了文案的工作，還好，進公司沒幾天，便可以和大家一起做文案了。可是，他費盡心思做好的文案，主管連一句表揚的話也沒有，他又灰心了，心想，在這樣的主管手下工作，真是壓迫人才，也將永無出頭之日。於是，他又果斷地辭了職。

後來，他又一連應徵了好幾家公司，遭遇基本相同。他覺得自己懷才不遇，對這座城市也感到非常失望。於是，他想回到自己的家鄉去，可是，想想臨行時母親的囑託、朋友的期望，還有自己誇下的海口……

於是，那天，小唐來到了我所在的城市向我訴苦，並希望我能幫他找到問題所在。當小唐把苦水都倒出來後，感慨地說：「表姐，我要是像妳一樣會寫作就好了，寫一篇發一篇，做一個自由撰稿人，也不用像現在這樣因為求職而到處碰壁了。」聽了表弟的話，我笑著對他說：「你只看到了我現在的成績，可是你知道我所走過的路嗎？」於是，我開始向表弟陳述起來。

那幾年，無數個日子，我不停地寫啊寫啊！可是一次次投出去的稿件，要麼被退回，要麼石沉大海，但我依然沒有氣餒過，後來找出了自己的問題，認為自己的基本功不夠扎實。於是，我開始閱讀大量的書籍，並不斷地繼續堅持寫作，才終於有了今天的成績。所以，不管你做什麼工作，要想出人頭地，你必須一切從腳踏實地開始。

可能是我的話提醒了小唐。回去後，小唐再次應徵了一家公司，並主動要求把公司最艱苦的工作交給他。從此，他開始踏踏實實、兢兢業業地工作，每天總是第一個到公司，等大家都上班時，他已經把一切準備工作都做好了，很快地，他贏得了公司上同事的尊敬。

他也開始暗自學習公司裡的一切業務，每當遇到難題時，公司員工們都會毫不吝嗇地告訴他。一次，公司變革，讓大家獻計獻策，他洋洋灑灑寫了四大張變革建議。最後，經過研究，他的建議被採用了，沒過幾天，就被主管提拔去重要職位。幾年後，他已經做到了這家公司副總的位置。

其實，你不過是大海裡的一滴水，沙漠裡的一粒沙，任何時候都不要抬高自己，更不要怨天尤人。只有腳踏實地地工作，不斷豐富累積工作中的經驗和知識，你才會出人頭地，走向成功。

別被一枚硬幣炒了魷魚

理查．艾格斯（Richard Eggers）是一名美國青年，一九六二年，他大學畢業後，以自己扎實的專業水準成功應徵到美國富國銀行住房部工作。

艾格斯對這份期待已久的工作充滿了熱情。雖然初到銀行住房部工作時上司只讓他打雜，但他絲毫也不馬虎。工作中，他兢兢業業、勤勤懇懇，也時不時地幫同事沏茶倒水或者幫同事整理檔案，因此，他在同事中很受尊敬。

幾年後，憑著他良好的信譽，艾格斯很快升任富國銀行住房借貸部門客戶服務代表，這使他對工作更加熱情，有時為走訪客戶，他不惜跑斷了腿，磨破了嘴，甚至占用自己大量的業餘時間也無怨無悔。就這樣，他日復一日，年復一年地在這個職位上一待就是四十九年，眼看著還有兩年時間他就到了退休的年齡，他開始憧憬起退休後的幸福生活。然而，令誰也沒有想到，同年七月，美國富國銀行住房借貸部門將具有四十九年年資的六十八歲客戶服務代表理查．艾格斯開除了，原因僅僅是因為一枚硬幣。很多人表示不解。

那是一九六三年，理查．艾格斯當時還很年輕。一次，他外出購物時，發現從商場找回的零錢裡，夾雜著一枚假硬幣，他當時很生氣，不過他沒有將這枚假硬幣上繳或者毀掉。他心想：別人既然可以找給我一枚假硬幣，為什麼我就不能將這枚假硬幣消費掉呢？於是，理查．艾格斯在去一家自助洗衣店洗衣服時，就將那枚假硬幣塞進了自助洗衣店的投幣孔裡。

誰知，機器立即發出了尖銳的警報聲，檢測出這枚硬幣是假幣。理查．艾格斯聽到警報後，一時心慌意亂，又做出了一個錯誤的選擇，他拔腿就跑，卻被店員攔住了，並記下了他的身分資料。

艾格斯羞愧難當，並對自己糊塗的做法感到很後悔，所以一段時間以來，他一直很自責，只好拚命地工作，來彌補自己的過失。久而久之，這件事情就漸行漸遠，逐漸在艾格斯的心裡淡忘了。

然而，二〇一一年五月新的聯邦銀行頒布了一項最新的職業準則。該規則針對銀行所有員工，一旦被發現有盜用身分、使用假幣和洗錢等犯罪行為，就會被立即開除。因此，當新規則實施以後，艾格斯四十九年前使用假幣的事情再次浮出水面，所以，艾格斯理所當然地被富國銀行住房部開除了。

更不可思議的是，艾格斯還被告上了法庭。雖然在法庭上，艾格斯為自己當初愚蠢的行為表示了深深的懺悔。然而艾格斯非但沒有被豁免，反而還被拘留了兩天。

這件事情在美國引起了不小的轟動，一些人認為，不過是一枚小小的硬幣，卻讓艾格斯斷送了四十九年的工作，並為此付出了慘重了代價，實在有點小題大做。但也有一些人認為，一個部門，如果沒有嚴明的制度！怎麼能有高水準的團隊！又怎麼能很好地立足於社會。

一個人一旦有了汙點，無論多小也是洗不掉的。一枚硬幣雖然微不足道，卻考量著人品。所以不管在何時何地，我們都要做一個遵紀守法的人，別因為一枚硬幣而被炒了魷魚，那樣真的就得不償失了。

把皇宮租出去

二〇一二年倫敦奧運會前夕，英國女王伊莉莎白二世對外公布了一個大膽的計畫，她決定把聖詹姆士宮租出去。

聖詹姆士宮是英國君主的正式王宮，它是英國國王亨利八世在一五三〇年下令開始建造的。這所王宮位於倫敦市中心的聖詹姆士公園旁邊，距離白金漢宮不遠。與英國其他王宮不同的地方是，聖詹姆士宮是以紅磚建造，雖然它看上去並不宏偉，但從建築造型可以看出這是典型的英國都鐸王朝時代建築。

在這座王宮裡，曾生活過許多英國王室的歷史人物，其中包括亨利的第二任妻子安妮·博林、伊莉莎白一世等。一六九八年，倫敦白廳宮於一場大火被焚毀，聖詹姆士宮從此成了英國王室的主要王宮，不少重要活動和慶典都在此舉行。王宮內到處擺設著許多歷史文物，其中有不少英國君主的畫像、家具、盔甲以及古代宮廷裝飾。

作為英國如此豪華、神聖的王宮，英國女王為什麼做出了將皇宮租出去的計畫呢？原來，二〇一二年全世界的奧運盛會將在英國的倫敦舉辦，這也是英國自一九四八年以來舉辦的又一次奧運盛會。為了迎接這個等待了六十四年的偉大盛會，英國方面開始了緊鑼密鼓的籌備工作。英國政府撥款一千一百九十億英鎊用於了奧運會基礎建設，包括奧運會場館和主要的交通項目，再加上歐債危機帶給英國經濟的影響，導致英國財政一度出現赤字。在英國政府大力引進外資的同時，英國女王伊莉莎白二世卻從奧運這個千載難逢的機會中嗅到了商機，何不將皇宮高價租出去？既給英國解了燃眉之急，又妥善利用了王室歷史遺產和地理位置的優勢，在奧運期間向全世界推廣英國王室的形象。

於是，英國女王經過細緻周密的計畫，決定在二〇一二年倫敦奧運會期間，以一天三千英鎊的價格出租部分奢華套間，這些套間被出租給私家公司。同時，愛享受的富豪們在奧運會期間還能租到具有九百多年歷史，被譽為「城堡中的王後」的利茲城堡，整棟古堡的租金為一天一百萬英鎊。到那時，入住王宮的客人不僅能瞻仰王宮，還可同時享用王室職員預備的午宴、晚餐，也可以在王宮裡開派對。另外，王宮的地理位置可謂得天獨厚，住在宮裡就能近距離觀看好幾項奧運賽事，比如：排球賽、馬拉松賽和游泳賽等。

出租皇宮的消息一經傳出，世界各地感興趣的公司和富豪們便紛紛向英國女王投來了橄欖枝。「這輩子做不了王子，也要體驗一下住宮殿的感覺，何況還能看一場奧運盛會！」聯絡、預定、付款，一段時間後，英國女王的手裡便輕鬆賺到了由奧運帶來的第一筆巨資，英國女王也成功變身「包租婆」。

英國女王抓住機遇，大膽想像，不惜打破延續五百年的王室傳統。大膽把皇宮租出去的做法，我們從中不難看出商機無處不在，關鍵是我們能否去把握，誰把握了，誰就能抓住這種瞬息即逝的商機。

「奧運小屋」帶來的財富

作為國際大都市，倫敦曾於一九〇八年和一九四八年兩次舉辦過奧運會，時隔多年，二〇一二年奧林匹克運動會再一次在英國的倫敦舉辦，這對於倫敦的市民來說，無疑是一個難得的好機會。

倫敦掀起奧運熱潮，六十四歲的倫敦市民瓊斯心裡也起了波瀾，奧運開在了家門口，商機不容錯過。可是，自己該以怎樣的方式來迎接這次盛會呢？瓊斯首先想到了小吃，可是做小吃，自己年齡大了，手腳不麻利，肯定忙不過來；於是，他又想到了賣奧運小飾品，但這也需要進貨，擺攤，自己的身體恐怕也頂不住。怎麼辦呢？

那天，瓊斯和往常一樣上網看新聞，看到老朋友瑪麗也在線上，便和她打招呼：「嘿！瑪麗，妳在幹嘛呢？」只見瑪麗回覆道：「我想買件夏裝，店裡沒有合適的，所以我在網路上搜一下，看有沒有自己喜歡的款式。」瑪麗的話，讓瓊斯恍然大悟，一直以來困惑自己的問題：尋找奧運商機，為什麼不能在網路上搜尋一下，以尋求一個適合自己的答案呢！想到這裡，瓊斯匆匆和瑪麗道別後，便開始在網路上搜尋起來。

鑑於上屆奧運會是在中國北京舉辦，於是，瓊斯在 Google 上輸入了：中國、北京、奧運會、商機等字眼。這一搜，真是讓他大開眼界，原來，奧運會帶來的商機真是五花八門，比如：旅遊、飲食、廣告等，但這些似乎都不適合自己。突然，一個標題映入了他的眼簾：北京「奧運小屋」客滿為患。就是這句話，讓瓊斯激動萬分，因為自己家的寓所前，有個小花園，為什麼不在自己家的小花園裡建一個「奧運小屋」呢！這樣一來，只要坐收房租就可以了，也不必使自己太辛苦。

說幹就幹，瓊斯馬上聯絡好一家建築公司，他在位於倫敦東部郊區自家寓所的花園裡，很快便搭建了一個「奧運小屋」，經過反覆研究，準備以一晚四十英鎊的價錢出租。

這間「奧運小屋」雖然只有7尺×7尺的面積。但它卻充滿了奧運的色彩，在小屋的四壁，掛滿了英國國旗，就連被子和枕頭，也是國旗的紅白藍三色。如果住在這裡，你還可以在花園草地上的小型跑道來一場「個人奧運」，讓你感受一個另類的奧運氣氛。遺憾的是，由於面積小，小屋最多只能讓兩人入住。

雖然這間小屋無法與大飯店相媲美，但它距奧運公園只有二十分鐘路程，毋須搭乘地鐵就能到達奧運場館。因此，當「奧運小屋」出租的消息傳出後，很多人便紛紛在網路上預約、付款。一時間從奧運會前夕一直到奧運會結束，六十四歲的瓊斯輕鬆地發了一筆「奧運財」，這讓瓊斯簡直樂開了花。

商機無處不在，看你是否去把握、去尋找，誰不失時機地抓住了機遇，誰就會得到一筆意想不到的財富。

扎根白宮的祕訣

歲月流轉，一轉眼，來自菲律賓的六十二歲女子克莉絲塔．科默福德（Cristeta Comerford）已經在美國白宮掌勺將近三十個年頭了。三十年來，科默福德因先後為美國歷任總統比爾．柯林頓、小布希、歐巴馬、川普和拜登準備飲食而備受關注。

科默福德出生在菲律賓一個普通的家庭裡，另外，還有十個兄弟姐妹，那時候，由於父母忙於工作賺錢養家，自然而然，身為老大的她便早早挑起了家庭的重擔。一日三餐都是她一手張羅，而要想餵飽這十張嘴又談何容易？一開始不是弟弟覺得這個飯難以下嚥，就是妹妹嫌那道菜無法入口，為此，科默福德不知傷了多少腦筋。為了讓弟妹們吃得開心，小小年紀的她一次次跟爸爸媽媽討教廚藝，因此，十歲時她就已經熟諳廚房事務。在她上小學三年級時，她的弟妹們吵著嚷著想要吃春捲，她還真學會了做春捲，而且味道還相當不錯。那時候，她的家中永遠瀰漫著食物的香味，而且總是能聽到咀嚼食物的聲音，在她聽來，那該是世界上最美妙的聲音吧。

從最初只為了讓弟弟妹妹們吃飽吃好，到後來越來越嫻熟，科默福德越發對做飯有了種痴迷，她常常費盡心思做出不同花樣的飯菜。

二十三歲那年是她人生的轉捩點，因為這一年，他們一家人移民美國，正是在這裡，她聽說美國芝加哥喜來登飯店正在舉辦「拌製沙拉」的比賽，她按捺不住激動的心情報了名。沒想到，這次比賽的結果，科默福得獲得芝加哥喜來登飯店「拌製沙拉的女孩」。這讓她信心滿滿，從那時起，她開始學習各種高級飯店的技藝，並開始鍛鍊自己的處事能力。那段時間在美國首都華盛頓，她先後在多家飯店掌勺，還曾赴奧地利維也納接受過為期六個月的法餐培訓。

具備了扎實的功底，機遇便找上門來。一九九五年，美國白宮應徵「御廚」，消息傳來，報名的人絡繹不絕，光是提交履歷的人就達四百五十人，當然，科默福德也絕不會放棄這個難得的機會。令人欣喜的是，在經過一次又一次的角逐後，科默福德最終以精湛的廚藝脫穎而出，成為白宮歷史上第一位女性少數族裔「御廚」。並於二〇〇五年晉升為廚師長，領導著一支七人的廚師團隊。

在白宮當「御廚」，一做就是二十年，這其中到底有什麼祕訣呢？

其實，在白宮當「御廚」，並不是一件輕鬆的事情。身為廚師長，科默福德不僅要操心美國總統的飲食，還要負責白宮其他人員以及各國賓客的餐點，有時候甚至會接到「不可能完成的任務」。例如二〇一四年八月首屆美國非洲領導人會議期間，科默福德便接到這樣一項任務：那就是美國白宮打算招待四百多名賓客吃一頓「便飯」，而所謂「便飯」，就是每人要做四道菜，這就意味著總共要做一千六百多盤食物，而且不能一股腦兒端上來，要算準時間恰到好處地送上飯桌。此外，還要考慮各國賓客的口味偏好、有無忌口等因素。如此艱難的任務，在別人看來根本無法想像，而在科默福德的精心設計和用心烹製下，卻出色地完成了。

身為「御廚」，在做菜上，科默福德更有自己的絕招，那就是拋開書本上的配方，跟著感覺走。比如：她為歐巴馬做飯時都是憑著感覺放調味料，因為做了幾十年飯，所有的配方都裝在了她的腦袋裡。

更重要的一點是，她是一個言語謹慎的人。在白宮工作多年，每當有人問她，總統愛吃什麼時？她總是緘口莫言。因為，她清楚地知道，廚師才是她的本分。或許，這才是她扎根白宮二十多年的祕訣吧！

在白宮做飯二十多年，科默福德最欣慰的一件事就是，能每天親手為總統做一頓又一頓香噴噴熱騰騰的飯菜。是的，她做的飯菜的確醇香無比！難怪前第一夫人蘿拉就曾這樣評價她：「每吃一口科默福德美妙的作品，都可以感受到她對美食和料理的熱情。」

把飯店建在懸崖上

阿爾卑斯山脈位於歐洲中南部，它西起法國東南部，呈弧形向北、東延伸，經義大利北部等地區，這裡山峰岩石嶙峋，角鋒尖銳，挺拔峻峭，並有許多冰蝕崖、U形谷、冰斗、懸谷、冰蝕湖等以及冰磧地貌廣泛分布，是一個風景秀麗、景色迷人的旅遊勝地。尤其在法國與義大利之間的白朗峰，更是探險者的樂園。

一九四八年，登山探險者想要有個歇腳、避風的地方，他們自發在山上建造了一個小木屋。隨著時間的推移，越來越多的探險者為阿爾卑斯山脈的美麗、險峻而傾倒，不惜一切前來探險，而此時的阿爾卑斯山上的小木屋也逐漸變得風雨飄搖。

這時，義大利登山俱樂部的隊員從中發現了一個巨大的商機，他們看準探險者喜歡新奇、刺激的心理，於是，便委託義大利設計公司 Leap Factory 的工程師，以出奇制勝融合高科技的設計理念，花費了二十五萬歐元建造了一座看上去驚心動魄的懸崖飯店，以取代一九四八年建造的那個破舊木屋。

這座精緻的飯店總面積僅有九點三平方公尺，底部有一半是懸空的，距離崖底的岩石有三百多公尺。義大利設計公司 Leap Factory 的工程師在建造這座小飯店時，所用的材料都是高標準建材，能夠抵擋極端的溫度。而且在開工建設時，工人先在岩石上打上重型螺栓以固定「地基」，然後用直升機多次往返將元件逐一帶往山上安裝，以確保懸崖飯店的安全。

懸崖飯店的面積雖小，但五臟俱全。乾淨整潔的飯店內部，設有雙層木床、廚房、餐廳以及貨架，可以容納十二名筋疲力盡的登山客在這裡休息。屋頂上的太陽能設施，還可以讓登山客沖個澡，以解除他們登山時的疲勞。室內的網路連線則可以讓客人獲得最為關心的有關天氣狀況的即時資訊。登山客們在體驗新奇、驚險、刺激以及愜意的同時，透過客廳的窗口，他們還可以欣賞到法蘭士·約瑟夫冰川的美景。

自然，懸崖飯店的風光，更是吸引了諸多前來觀光的登山客，他們都想前來體驗一下入住懸崖飯店的感受。於是懸崖飯店經常客滿為患。為了讓每個登山客都不枉此行，飯店管理者規定，想要入住這家懸崖飯店必須提前透過網路預定，每晚收費三十歐元，這樣，登山客能舒適地住進懸崖飯店，從而也降低了登山客受困於暴風雪或在黑暗中迷路的風險。而義大利登山俱樂部為此也賺了個盆滿缽滿。

把飯店建在懸崖上，真是大膽又新奇，讓人看了不禁心生感嘆：商機無處不在，看你是否有一雙善於捕捉的眼睛。而義大利登山俱樂部的隊員，眼光銳利、勇於實現，所以才贏得了這風光無限的商機。

成功就像一棵會開花的樹

「時刻準備著，當機會來臨時你就成功了。」這是美國哈佛大學的校訓。是的，我們每個人都將面臨很多機遇，但能夠把握機遇，具備駕馭機遇的能力，則完全取決於自己。

幾年前，我在原來的公司工作時，有一個很活潑的年輕人經常為我們公司送郵件或帳單，每次的郵件或帳單他都極其認真地讓公司主管部門負責人簽名後才肯離開，工作一點也不馬虎。有時，也會有我們部門的郵件，時間長了，他知道了我的名字，再讓我簽名時，他就會很禮貌地先打招呼。因此，他給我留下了非常好的印象，過了不久，我便跳槽到另一家公司工作，便再也沒見過這個年輕人。

前不久，一個朋友在飯店舉辦生日宴會，邀請我參加。快走到飯店門口時，一輛轎車在我面前突然停下，司機從車裡探出腦袋說：「好久不見了，最近還好吧？」我一愣，這不是那個郵差小弟嗎？我急忙回答他：「還不錯，你怎麼……」他似乎早已看出了我的疑惑，不等我說完，就笑吟吟地對我說：「妳跳槽後不久，我也轉行自己開了家公司……」

原來，這個年輕人雖是送郵件的，但因為會說話，做事敏捷，思維比較活躍，每次去送郵件或者帳單什麼的，都會跟財務或者公司負責人接觸，久而久之，聰明的他默默地收集了那些人的聯絡方式，這無形中便讓他掌握了很多的人脈關係。所以，他就開了一家辦公用品的貿易公司，有辦公耗材、電腦等等，他把手裡所有的關係都用上了，再加上自己勤奮努力，不久後又在網路上開了店，生意越做越發達。

我的外甥女，大學畢業後，和同學安妮一起到一家公司應徵，結果兩人雙雙被錄取。那段日子，安妮開心極了，每天下班後，都纏著外甥女一起去逛街或者看電影，可是卻被外甥女拒絕了。因為，每天下班後外甥女總是一個人躲到宿舍裡繼續溫習功課，安妮則不解地問她：「從小學到中學再到大學，妳還沒學夠啊？現在我們終於大學畢業了，總該喘口氣了吧！青春這麼美好，再不及時行樂，就來不及了。」可是外甥女依然不為所動，並回答她說：「趁年輕，我們還是多掌握點知識吧，說不定哪天能派得上用場。」結果，工作半年後，公司傳來了要舉辦升遷考試的消息。外甥女和安妮自然都報了名，經過一個多月的緊張複習、考試，結果終於出來了，外甥女順利過關，而安妮則被淘汰。

也曾看過這樣一個故事，美國亞利桑那州的潔西卡・考克斯（Jessica Cox），因為患有先天性疾病而失去了雙臂，但她並沒有因此而沮喪，而是心懷遠大的理想，決定做一名航空公司的飛行員。於是，她開始每天做各種活動：游泳、體操、舞蹈、甚至跆拳道，她還用雙腳替自己化妝、洗頭髮、戴隱形眼鏡、做飯、駕車外出等。令人意想不到是她竟然真的拿到了飛行員執照，成為全球首位無臂飛行員。

在這個世界上，從來沒有人能夠隨隨便便成功，就像一棵會開花的樹，必須經過栽培、剪枝、澆灌，方能開出最鮮豔的花朵。是的，很多時候，成功的祕密就在於當機遇來臨的時候，你已經做好了把握住它的準備。

第三章

風記得每朵花的香

當強大的行動力成為習慣

我們經常說人生應該有夢想，夢想是人類最天真無邪和善良美好的，然而，光有夢想是萬萬不可的，更重要的是行動。過去，人們曾反覆討論「知與行」誰先誰後的問題，毫無疑問，應該是行動決定一切。

人生的道路總會遇到各種困境，但千萬不要因為一時受挫，而對自己的能力產生懷疑，進而形成一種壓力。當你遇到困難的時候，應該保持頭腦清晰，勇敢去面對，沒有永遠的困難，也沒有解決不了的難題，只要你勇敢地付諸行動，生活就一定會向你微笑。

微笑是溫暖的陽光，可以給絕望者生的希望；微笑是一把鑰匙，可以為困境中的人打開一扇門；微笑是一劑良藥，可以為呻吟的病人驅除痛苦。微笑是心靈綻放的花朵，微笑是彌久醇香的美酒，只要我們微笑著去面對，生命就會綻放出最美的花朵。

可是總有些人每天把自己搞得焦頭爛額，最終一事無成。說句實話，其實你真的沒有那麼忙，只是你浪費了太多時間在無意義的事情上。記得朋友曾跟我講過這樣一件事，她和一個要好的同事從報上得知本城一個小女孩因貧困而輟學，她便想去小女孩家用自己的微薄之力幫助她。可是朋友的同事卻有點為難地說，這幾天恐怕沒時間，今天說好了要去美容，明天約好了要去聚餐。朋友沒有輕易放棄，而是一個人果斷地找到了小女孩的家。當她把身上所有的錢交到小女孩的手上時，聽著小女孩對她說「謝謝阿姨」時，她說，她看到小女孩的臉上出現了陽光般的笑容，對小女孩來說，那也是久違的陽光吧！

其實，只要你留意，你就會發現，在我們身邊，每天都發生著許許多多溫情的故事，在城市街巷中，在常常被我們遺忘的角落裡，人間溫情如草芥一樣悄然生長，令世界更溫暖。

因此，生活在這個紛繁的世界裡，當行動力成為一種習慣，愛就會在不知不覺中滲透到生活中的各個角落。記住那些浸潤心靈的溫暖，就像風會記住花的芳香，讓那些愛的種子，在心中默默地生根、發芽、開花、結果，營造出縷縷馨香。我想，這也是行動力的一種展現吧！

總之，應該做的事，一定要第一時間去做，去執行；不確定是不是應該做的事情，也要盡全力去做，因為當別人還在猶豫的時候，或許你已經把事情做到了極致。

風記得每朵花的香

有幾個美好的片段一直印在我的腦海。

那天，我到醫院去體檢，從醫務室出來，準備到三樓做X光。上到二樓樓梯口時，突然看到一個瘦弱的男人蜷縮在樓梯上，我還沒來得及弄清情況，這時便看到從樓上走下來一個高大的男人，男人很帥氣，脖子還戴著一條金黃黃的項鍊。可是，帥氣男從瘦弱男身邊輕輕繞過去，準備下樓去。

看到帥氣男對瘦弱男視若無睹的樣子，我在心裡恨恨地想：「哼！滿身銅臭氣，唯獨沒有同情心。」我正欲上前詢問時，卻看到帥氣男一個回頭，問瘦弱男：「你怎麼了？是不是哪裡不舒服？」瘦弱男看上去有點受寵若驚，聲音弱弱地說：「我要去三樓打點滴，走到這裡突然有點頭暈，可能過一會兒就好了。」這時，帥氣男一邊彎下腰，一邊對瘦弱男說：「來，上來吧！我背你到打點滴的地方。」這時的瘦弱男，眼神裡透露出震驚。過了幾十秒後，瘦弱男才回過神來，說：「不行的，我穿的衣服有點髒。」帥氣男說：「沒關係的，大不了回家洗洗衣服。」看到此情此景，我也在一旁說：「快上去吧！看病要緊。」

於是，跟在他們後面，看著帥氣男小心翼翼地背著瘦弱男進了診間，我的心情久久不能平靜。

第二個美好的片段發生在一個週末。姪女來我家玩，非要鬧著吃漢堡，無奈，我只好上街去買。來到一家漢堡店前時，看到一個乞丐模樣的老人就坐在店門口，老人不時向店裡張望著，還不時地舔舔嘴唇，大概是餓了。

我對著老人輕輕搖了搖頭，便走進了店裡，排在了隊伍的最後面。不一會兒，就輪到我前面的一個女中學生，只聽服務生問：「打包還是在這裡吃？」女學生說：「在這裡吃。」服務生接著問：「要一份漢堡嗎？」「不，要兩份。」聽到女學生的回答，我才仔細打量起這個女學生來，難怪這個女學生長得胖乎乎的，真能吃啊！

女學生買完後便輪到了我，當我提著漢堡走出店門時，我卻看到了這樣的一幕：只見女學生拿著其中一份漢堡來到了乞丐老人身邊，對老人說：「爺爺，您吃漢堡吧。」說著，雙手遞給了老人。那一刻，我的心裡有種說不出的感動。

六月的天，就像孩子的臉一樣，說變就變。這不，剛才還是晴空萬里，此時卻下起了雨。只見路上的行人躲的躲，跑的跑，卻唯獨有一個行人還在不緊不慢地往前「摸索」著，他身上的衣服幾乎都被淋溼了，這人怎麼了？難道他不怕淋雨？仔細看，哦，原來他是個盲人。

這時，一個十歲左右的男孩突然出現在老人身邊，一隻手努力把傘撐得高高的，一隻手扶著老人來到了避雨的地方。那一刻，那些避雨的人自覺為他們讓出了一個最佳的避雨位置。

還有一個美好的片段是發生在我下班後的路上。那天我到菜市場去買菜，不一會兒，茄子、番茄、黃瓜……左一兜右一兜買了一大堆。正準備拎著菜回家時，突然，聽到身後一個小妹妹喊我：「阿姨，妳的錢包掉了。」我回頭一看，正是我的錢包，裡面有好幾千塊錢呢。

接過錢包，我內心很感激，便問小女孩：「妳叫什麼名字？在哪裡上學啊？」小女孩似乎有點羞澀，紅著臉對我說：「老師說，做好事不留姓名。」說著就跑遠了。

回家的路上，小女孩美麗的倩影一直在我腦海裡揮之不去。

幾個片段，就像幾朵美麗的花，我記住了它們的美麗，就像風會記住每朵花的香。

低眉塵世，看見花開

人生在世誰不曾迷茫過？我也不例外。有段時間，我曾一度沉迷於有錢人的榮華富貴，以及明星華麗的服飾，幻想著如果自己也和他們一樣，那將是多麼美好的生活啊！可是，每每從幻想中跌落到現實，想著自己只不過是一個平凡的人，我就會倍感失落。久而久之，我的生活變得百無聊賴，無精打采，甚至對生活喪失了樂趣。

我所有一切細微的變化，都被母親看在了眼裡。於是，母親來到我身邊，語重心長地對我說：「孩子，妳沒必要仰視別人的風景，因為生活不僅僅是金錢和華麗的服飾，只要妳放下姿態，低眉塵世，妳就會看到平凡的人也一樣會活得有品質。」母親的話，我將信將疑。

那天，我外出路過一個十字路口，看到一個六十多歲的婦人，正笑容滿面地吆喝著：「烤地瓜，又香又甜的烤地瓜。」其實，這個賣烤地瓜的女人，在這裡已經有十多年了，只是，我很少留意她。可是，一個賣烤地瓜的為何有如此快樂的心態呢？於是，出於好奇，我走了過去，問：「阿姨，您不覺得賣烤地瓜很辛苦嗎？」婦人回答說：「不辛苦，只要一想到賣烤地瓜供出來兩個大學生，我心裡別提有多開心了！」

原來，婦人有一雙可愛的兒女，十幾年前，她的丈夫突然去世，原本幸福的家瞬間垮了，怎麼辦？與其怨天尤人，不如靠自己，於是，婦人勇敢地走上了街頭開始烤地瓜，這一烤就是十幾年，她的一雙兒女也由國中升入高中，再由高中考上大學，這中間固然有辛苦，但更多的卻是快樂和滿足！聽著婦人的敘述，看著她眉飛色舞的樣子，我突然領悟到，這或許就是塵世裡最原始的幸福和滿足吧！

俗話說：「授人玫瑰，手留餘香。」在一個小學學區的附近，也有這樣一位老師傅，他將近七十來歲，孤身一人，沒有孩子，他的一條腿有點殘疾，可是，他在這裡修鞋居然已經二十多年了。起初，很多人不解，他放著鬧市的街口不去，卻選擇了這樣一個偏僻的地方，可是他卻笑而不答，後來人們才發現，每當上下學，他寧可放下生意不做，也要一瘸一拐地護送孩子們過馬路，他是把護送孩子們當成了自己的人生樂趣，而這些孩子們又何嘗不是老天送給他的孩子呢！

和幾個朋友相聚，酒足飯飽之後，我們相談甚歡，談論最多的是關於人生與快樂的話題，我們一致的感觸是：對生活的奢望越高，生活的快樂越少，煩惱越多。因為人心太貪婪，即便擁有了許多也還會生出更多的欲望，這欲望似乎永遠沒有盡頭。而學會在塵世裡低眉，就會在柴米油鹽裡討喜，就像婦人和老師傅一樣，雖然他們生活在社會的最底層，但他們卻把自己的生活過得如花開般美麗。

一朵花開、一抹新綠、一杯淡茶、一顆善心、三兩知己皆是歡喜。凡間俗世，一路踏塵，或許學會低眉才是一種人生智慧吧。

所以此生，不管身在何處，我都將心向溫暖，懷蘭心梅韻，攜善良溫婉，一路低眉行走於塵世煙雨，靜觀天上雲卷雲舒，閒看庭前花開花落，在低眉中讓人生豐盈美麗。

微笑是靈魂的花朵

得知同學的母親住進了醫院，我急急忙忙趕去探望。那天，剛進病房，看到在靠窗的病床上，七八個人圍著一個女病人，而那個女病人的臉上，卻堆滿了微笑。可能是和肅穆的病房有著極大反差的緣故，我突然覺得那是我見過的世界上最美麗的微笑。

再看那女人，三十來歲，大眼睛，披肩的長髮飄逸動人，我不由得對那女人生出幾分喜愛，便悄悄地對同學說：「那個女人真漂亮，你看她笑得多甜啊！哪裡像個病人？」同學壓低了聲音對我說：「妳知道她什麼病嗎？癌症。」「什麼？癌症？不會吧！」我瞪著驚訝的大眼，心中充滿了疑惑和好奇。「怎麼不會，這是她第二次進醫院做切片手術了，醫生先前說，她已經是晚期，最多還有兩年的時間。」我簡直不敢相信同學的話，那樣一個充滿陽光的人，怎麼可能只剩下兩年的生命呢？我又壓低了聲音問同學：「看她那麼樂觀，那她一定什麼都不知道吧？」同學說：「妳錯了，她知道，她什麼都知道了，但她依然樂觀，依然勇敢地面對生活。」

同學乾脆跟我講起了她的故事。有一天，正在做家事的她突然昏倒了。送進醫院後，經診斷，她患的是癌症。頃刻間，她的家屬全部被這噩耗擊倒了，因為她還那麼年輕，她還有那麼多事情要做，怎麼會只剩下兩年的生命呢？只幾天工夫，她的父母一下子老了，老公瘦了，孩子也不再頑皮了，從同事們探望她紅紅的眼神裡，她獲悉了自己的病情，然後關上門，大哭了一場。看到身邊的人比她還要難過，她突然看開了，與其讓眼淚給身邊的人帶來更多的悲傷，不如給身邊的人留下最美的微笑。從那以後，她豁然開朗，笑意天天寫在她的臉上。「不管一切如何，我都要笑著面對。」成了她今後的人生信條。而這次住院做切片手術，連醫生都非常感慨，說她的病恢復得很好，她的癌細胞已經得到了很好的控制，如果她能逃過這一劫，那麼，一定是微笑為她創造了一個生命的奇蹟。

美國華盛頓州芬代爾的癌症女患者邦妮．索恩科特曾經說過，當她從醫生那裡得知癌症噩耗的頃刻間，淚水和病痛淹沒了她的生活。在之後的治療中，當她滿頭的秀髮完全脫落並得到了一副免費假髮的時候，她感到自己走到了人生的最谷底。然而，這個身為母親的人，在兒子凱勒的注視下，依然試戴了她的假髮，索恩科特說：「我想如果我因為這頂糟糕的假髮痛哭，他就能記住這種東西，或者我還可以對著它大笑，這樣他也能記住它。」於是，她開始用自己的方式傳播歡笑。雖然醫生對她早就下了結論，她的生命只剩下兩年的時間了，但索恩科特依然準備要笑對人生。

俗話說：「人生不如意十之八九。」生命的小舟在破浪前行時，總會遇到大大小小的風浪甚至是暗礁，只要我們微笑著去面對，生命的航程就會現出陽光的色彩來，就會清風浩蕩、萬里澄澈。所以，不管我們遇到什麼挫折和不幸，哪怕是生命還有最後一天，我們也要為世人留下最美的微笑。因為微笑是靈魂的花朵，在綻放的那一刻，陽光便會暖暖地溢滿這個世界。

微笑著與生活和解

週末，我想打掃一下屋子。在樓道裡貼的小廣告上，我找到了一個家政服務公司的電話號碼，隨手就撥了過去。接電話的是一個女人，說話倒也乾脆俐落，我們很快就談好了價錢，定好了時間。

按照約定的時間，第二天上午八點，門鈴準時響起。我急忙去開門，一個五十多歲的女人和一個三十多歲的男人站在了面前。我仔細打量了一下這兩個人，男人個子高高的，看起來很能幹，而女人卻是瘦瘦小小的樣子。我開始懷疑起眼前這個女人來，她可能看出了我的心思，連忙說：「別看我這麼大年紀了，我做家政已經好幾年了，工作也會做得讓妳滿意的。」一旁的男人也隨聲附和：「是這樣的。」既然如此，我只好閃身讓他們進來。

兩個鐘點工進門後逐一將每個房間檢查了一遍，然後就挽起了袖子開始有條不紊地打掃起來。他們每打掃一間屋子，我就配合著他們一起來回搬東西，沒過多久，他們就把每個屋子都清掃了一遍。接下來，他們開始擦陽臺的玻璃，女人個子矮負責低處的，男人個子高負責高處的，他們配合得很默契。

女人做事果然認真仔細，那些藏在窗戶縫隙裡的灰塵都被女人用一把特殊的小刀一點一點地往外清理了出來。說真的，我也用過一些鐘點工，從沒見過哪個人如此細心。我開始注意這個女人，發現她嘴邊總是有一抹笑意，便和她閒聊起來，我問她：「妳怎麼這麼大年紀了還出來做這麼累的工作？」

女人立刻收住笑容，嘴裡發出了一聲嘆息：「哎！說來話長，孩子他爸去世早，我自己辛苦了很多年，總算把兒子養育成人。兒子開始工作那年，說什麼也不讓我出去做工了，為的是讓我在家安心享福。兒子開貨車，白天黑夜連軸轉，可能是太累了，就把車開進了溝裡，人是活過來了，可是雙腿卻癱瘓了。」

我無限憐憫又同情地望著女人，說：「可是妳並沒有被生活打垮，依然這麼樂觀。」女人回答我說：「其實，我也想到過死，覺得老天爺處處和我過不去，既然這樣，還不如死了好。但我死了，兒子怎麼辦？一想到這些，還不如高高興興地活著。」

停了片刻，女人又開始敘說起來：「生活雖然不易，但兒子卻很懂事。那年冬天出去工作，可能是天氣太冷了，我的手腫裂得不像個樣子，兒子發現後，在家嚎啕大哭，把自己的頭往牆上撞，說自己沒有用。後來我答應兒子以後出來只做些輕鬆的工作。所以我在外做鐘點工的事，一直瞞著兒子，我告訴他我現在在一棟大樓當管理員。」這時女人的眼睛裡溢滿了晶瑩的淚，我們都沉默不語。

大約十幾分鐘後，女人的臉上又重新放起了光彩，女人對我說：「做家政雖然累點，但能賺錢，第一年做家政我就存錢幫兒子買了一臺新電腦，想讓兒子在家多點娛樂，也不至於寂寞空虛。兒子很爭氣，寫起了網路小說。對了，我兒子上學時，作文就經常受老師表揚呢！幾年下來，也在各家報章雜誌上發表了很多文章。最主要的是，兒子說等他能賺到足夠的稿費養家時，就不讓我出來工作了，到那時，我就可以安享晚年了。」說完，女人一臉的幸福。

快十二點時，家裡已被他們收拾得窗明几淨。我急忙從包裡掏出錢結帳，送他們走出家門，不知怎的，我的心卻因女人的故事久久不能平靜。

生活中，很多時候，厄運總是毫無徵兆地突然降臨在我們身上，面對苦難的人生，我們與其和它過不去，還不如拿出行動力，微笑著與它和解。微笑著與生活和解，生活就會變得芳香馥郁。

放棄，有時也如花開般美麗

歌德說：「生命的全部奧祕就在於為了生存而放棄生存。」唯有學會放棄，才能使自己擁有更多的精采。沒有勇敢的放棄，就沒有輝煌的抉擇，更不會有新的開始。

朋友小夏是一個上班族，雖然生活得並不富裕，但她卻過得幸福而滿足。可是突然有一天，他發現身邊的人越來越多地成了有車一族，這讓他的心理很不平衡。為了和別人站在同一起跑點上，他傾盡所有，又從親戚朋友處借了錢，終於把一輛轎車開回了家。

在得到片刻的喜悅之後，煩惱也接踵而至。且不說每月的各種費用使他本不富裕的生活更加捉襟見肘，單說他所住的地方沒有車庫一事就足以使他憂心忡忡。而他也擔心隨意停靠會被頑皮的孩子用刀子劃傷，為此，他每天不知從樓上到樓下要跑多少次，只為看他心愛的車子是否安然無恙。尤其晚上睡覺時，他時常夢到車子被偷，而每次被噩夢驚醒後，他的第一反應就是趕緊跑下樓，看車子是否還在那裡，久而久之，他患上了嚴重的失眠症。這樣的日子讓他心力交瘁、苦不堪言。痛定思痛，經過一段時間的思索，他終於做出了決定，把車子賣掉。於是，他的生活又恢復了原有的寧靜。

從雜誌上看過這樣一個故事，印象一直非常深刻。在南太平洋一個荒僻的島嶼上，生活著一群離群索居的族人，雖然他們與現代文明隔絕，過著原始部落的生活，但他們的日子過得快樂而平和。然而，有一天，從大海的深處漂來一個玻璃瓶，因為他們從來沒有見過這樣一件東西，便認為這是上帝賜予他們的一件不同凡響的禮物。這個瓶子堅硬透亮，在陽光下閃著晶瑩的光澤，大家都把它視為聖物。於是，這個瓶子便在大家手中互相傳遞著，每個人都愛不釋手，誰都想讓瓶子在自己的手裡多停留一會兒，後來，他們常常因為得不到瓶子而大打出手，生活因為這樣一個突然降臨的瓶子而變得不再安寧。為了找回曾經的快樂和祥和，族人們毅然決然將這個瓶子重新扔回大海，把它歸還給上帝，終於換回了他們原有的幸福。

世界著名物理學家愛因斯坦也是一個懂得放棄的人。那年，愛因斯坦來到普林斯頓的高等科學研究所工作，那時，當局給出了他一年一萬六千美元的高薪，這是多麼大的誘惑啊！然而，愛因斯坦卻出人意料地說：「這麼多錢，是否可以給我少一點？給我三千美元就夠了。」為此，很多人都不解，愛因斯坦卻這樣解釋道：「以我看，每一件多餘的財產都是人生的絆腳石，唯有簡單的生活，才能給我創造原動力！」正是他放棄了很高的薪水，遠離了對物欲的追求，卻得到了更多的時間和精力來經營自己的事業，所以，他在物理學上才取得了令人矚目的巨大成就。

放棄，是勇氣，是境界，更是一種智慧。只有學會放棄，免於對物欲的追逐、對名利的執迷，才能獲得人生的精采與豁達。

感恩是一種溫暖的力量

在美國的布萊爾山區曾發生過這樣一個故事。那天，一對新婚夫婦外出歸來，發現家門口趴著一隻受傷的小狗，正大口大口地喘著粗氣，這對夫妻急忙把這隻小狗抱回家進行救治，他們細心地用水擦拭小狗，並在小狗的傷口上敷了藥，就這樣經過夫妻倆的精心照料，小狗一天天地好起來了。小狗也成了他們家的一員，他們還替牠取名叫皮特。

一年以後，皮特漸漸長大，這對夫妻家的小寶寶也誕生了。有時，夫妻倆有事外出，皮特就安靜地守在寶寶的床邊，一刻也不離開，像個盡心盡責的小保母。儘管這對夫妻的生活並不富裕，卻充滿了溫馨和歡樂。

然而一天傍晚，一向溫柔的皮特突然狂躁不已，這讓夫妻倆很是納悶：皮特怎麼了？難道是餓了？於是，夫妻倆就到廚房幫牠弄吃的去了。等他們從廚房出來，驚人的一幕發生了，皮特叼著寶寶出了家門！夫妻倆嚇壞了，急忙抄起棍子追了出去，就在他們追到一個山坡上時，看到皮特累得趴在地上，旁邊放著寶寶。只聽得背後一聲巨響，回頭看，他們所在的村莊頃刻間化為平地，一場史無前例的大地震發生了，而皮特救了他們全家。

其實皮特只能叼二點五公斤的重量，而寶寶的體重足足有五公斤，因為感恩，所以才讓皮特充滿了力量。

他是一個孤兒，在他七歲時，父母先後去世。之後，他變成了一個壞孩子，他和同齡的孩子打架，他砸鄰居家的玻璃，他甚至偷別人家的東西。村裡有好心人想管教他，他卻對來人破口大罵。後來，他即使餓得兩眼冒金花，也沒有人再理他，而他的性格亦變得更加任性和孤僻。

村裡有個五十多歲的婦人將這一切看在了眼裡，決定要幫助他。可是又怕傷了他的自尊心，便想到採取暗中幫助的方式。從那之後，她經常把熱騰騰的飯菜放在他的窗臺下；天涼了，她還替他縫製棉衣偷偷放在他家門口。飯他照吃，衣他照穿，但他似乎從來不關心是誰在幫助他。

村裡有人對婦人說：「妳送東西給他，他也不知情，再說，他根本就是個不知好歹的人，妳這是何必呢？」婦人聽了只是笑笑，依然持續援助。

有天，婦人家裡著了火，村裡人紛紛前去救火時，這個孩子也跟著人群跑了過去。沖天的大火吐著黑煙，嗆得人喘不上來氣，十四歲的他卻不顧一切衝進了火海，用他小小的身軀把婦人背了出來。原來，感恩是如此溫暖的力量。

古人云：「滴水之恩，湧泉相報。」做人就應該學會感恩。從這些溫暖的故事裡，我們不難看出什麼是愛，如何去愛。

生命中的呵護與叮嚀

人生的道路上總是布滿了荊棘與坎坷。也許在關鍵時刻，我們才會對生命中的種種境遇和體會更深——那年九月，我突然患上了一場重病。患病是一件倒楣的事，我一度抱怨自己是個很不幸的人。然而，我卻是幸運的，這次患病讓我收穫了人世間最珍貴的親情與友情。

在我患病後，親人們都聚到了我的病榻前：一向「小氣」的父母傾其所有，拿所有的積蓄出來給我治病；炒股賠錢的大弟也為我籌來了錢；做生意吃緊的小弟把一張信用卡遞到了我的手上；姐姐和小妹也為我慷慨解囊。在親人的護送下，我來到市區最好的醫院就醫。住院期間，兄弟姐妹悉心照料我，日夜守候著我，餵飯、擦洗，將我照顧得無微不至。每天，兄弟姐妹們為了減輕我的病痛會輪番為我按摩，我看到汗珠順著他們的臉頰往下流。然而我卻因為情緒壞到了極點而對他們大發脾氣：「走！都給我走開，不要再管我，讓我自生自滅。」

那一次，從不在我面前流淚的兄弟姐妹哭成了一團，他們緊緊地抱著我，安慰我說：「如果這家醫院治不好妳的病，我們就出國，就算賣房子賣土地也要醫好妳的病。」那些日子，有一個習慣性動作至今讓我感動不已，那時無論兄弟姐妹誰在我的病床前，都會緊緊握著我的手，感覺生怕一撒手我就會丟了似的。正是他們溫暖的手，喚起了我對生命的渴望，讓我找到了活下去的勇氣。

住院期間，我感受到了友情的力量。那些日子，文友們紛紛傳來溫暖的簡訊：「相信妳一定會堅強面對，等到八十歲那年，妳再回憶這件事，會很佩服自己的勇氣。」這是友A發來的簡訊；「最好的祈禱在心裡，樂觀態度，積極人生，妳一定會戰勝病魔早日康復。」這是友B發來的簡訊；「千里之外為妳祝福，希望妳面對病魔堅強起來，水激石則鳴，等妳早日歸來，重返寫作戰場。」這是友C發來的簡訊……他們的簡訊深深地鼓舞著我。「無論如何，妳要堅強，一切都會好起來的。」這是友D發來的簡訊；「病痛是暫時的，相對於久遠的生命來說，它太渺小了，等烏雲散去，妳會發現有那麼多人關心妳、愛著妳。」這是友E發來的簡訊；「既然病痛注定來臨，勇敢點，陽光明媚的日子很快就會來臨。」這是友F發來的簡訊……他們的簡訊一直激勵著我。文友們發來的祝福簡訊，使我增添了戰勝病魔的信心，也為我陰雨的心送來了清風和陽光。

如今我早已恢復健康。與其說是先進的醫學技術拯救了我，倒不如說是親情與友情的力量給了我站起來的勇氣。

原來，幸福一直都在

人到中年的我開始審視曾經的生活，總覺得自己這輩子過得不夠幸福，沒有浪漫的愛情，也沒有理想的工作，還沒有華麗的大房子，更沒有高級的轎車。

日子單調而乏味，我小煩惱卻層出不窮。不是在公司被主管罵，就是回到家裡看著一大堆家務而煩惱，就連出門時，也會因為找不到合適的衣服穿而煩惱……總之幸福對於我來說是那樣的遙不可及。

某日閒來無聊，便開始上網隨意瀏覽，突然一篇文章深深吸引了我。這篇文章的內容是這樣的：以下十一條幸福事中，如果你能達到五條以上，那麼你就是幸福的。一、有爸媽疼你。二、被人背過。三、得過第一名。四、笑到肚子痛。五、有人為你哭過。六、買到喜歡的衣服。七、半夜有人傳訊息給你。八、生日凌晨有人傳簡訊祝福你。九、在車站有人接。十、和心愛的人一起走路到腿痠。十一、有好事別人首先想到你……

看完這則貼文，我開始仔細對照起自己的生活。

有爸媽疼你：記得我八歲那年，我天天喊著想吃魚。一天，父親也不知從哪弄來一條魚，我興奮極了，這下好了，我終於可以吃魚了。要知道，那個年代生活條件不如今天，就連過年也不一定能吃到魚。當母親把香噴噴的魚端上飯桌時，我迫不及待地吃起來。吃了一會兒，我才發現父母都在看著我，眼裡還噙滿了淚花，也不動筷子，我便對他們說：「你們怎麼不吃啊？」只聽父母異口同聲地說：「我們不喜歡吃魚。」那時的我真傻啊！居然信以為真。直到多年以後，生活條件好了，我才發現，父母哪裡不喜歡吃魚？那分明就是對我的愛啊！

被人背過：十歲那年冬天，寒流來襲，凌厲的寒風呼呼地叫著。可是就在那天半夜裡，我突然發起了高燒。父親不顧寒冷，背起我就往醫院裡跑，一直到我吊完點滴，退了燒，父親都不曾合過眼。雖然這件事過去很多年了，但我永遠記得在那個寒冷的冬夜，有個最溫暖的脊背背過我。

得過第一名：十二歲時，一個女孩子，和幾個男孩子一起比賽爬樹，結果我得了第一名。幾個男孩子不服氣，非要再比賽一次，結果我還是第一。最後，那幾個男孩子只好服服貼貼地拜倒在我的面前。

笑到肚子痛：一個網路迷因，一部喜劇電影，或者生活中讓你啼笑皆非的事情，都容易讓你笑到肚子痛。

有人為你哭過：忘不了那年九月，我突然患上了一場重病。當醫生宣布結果時，我強忍著淚還沒哭出來呢，身旁的姐姐卻放聲大哭。後來我病癒後，聽姐弟們說起這件事：本來怕影響我的情緒，說好了無論什麼結果都不准哭的，可是姐姐說，她當時一聽結果，心裡實在太悲痛了，所以才忍不住大哭起來。姐姐的哭，足以讓我幸福一輩子。

買到喜歡的衣服：我不止一次買到自己喜歡的衣服。

半夜有人傳訊息給你：這個有過，但是我翻出歷史紀錄一看，是有人傳錯了。

生日凌晨有人傳簡訊祝福你：那年過生日時，凌晨一點鐘，我收到在外地上學的兒子的簡訊：「媽媽，祝您生日快樂！永遠健康幸福！」

在車站有人接：曾去外地看望一個朋友，因為不知道她家的路怎麼走，所以她開車到車站去接我了。

和心愛的人一起走路到腿痠：初戀時，我和男朋友一起相約去一個風景如畫的地方玩，那一天，我們一直走到腿痠痛無比，但奇怪的是，我們一點都不覺得累。

有好事別人首先想到你：我們一家三口在一起時，每次買好東西或者有什麼好事情都是先想到我，因為我們家的一貫宗旨是：女士優先。

細數這一樁樁一件件的往事，我突然熱淚盈眶。一直以為自己不曾幸福過，原來幸福一直都在瑣碎的生活裡，只是我從沒有用心去體會而已。

潛入心靈的一縷陽光

那天突然雷聲滾滾、狂風大作，緊接著就是一場傾盆大雨。半個小時後，雨漸漸小了，行色匆匆的人們又開始忙著趕路。只見前面一段低窪路面，積水足有一尺多深，導致行人和車輛一時無法通行，水窪的兩邊也因此聚集了很多人。

這一切，被住在街邊大樓上的他深深看在眼裡。他意識到，可能是路兩側的下水道被垃圾堵塞了。於是，想也沒想就立刻披上雨衣下了樓，又從地下室找來鐵鍬和鐵鉤，匆匆來到積水的路面開始疏通下水道。這時的他全然不顧自己的關節炎，任憑雨水漫過膝蓋，只顧彎腰清理汙水。此情此景，感染了路邊很多人。越來越多的人跳進水裡，和他並肩作戰。不一會兒，在大家的同心協力下，雨水徹底排清，路上又恢復了原有的秩序。

他，只是一位普通的退休工人。

公司的女同事穿得一個比一個漂亮，她自然也喜歡打扮。那天，又有一個同事炫耀新裙子，「哼，有什麼了不起的，我也去買。」於是，下班後，她就直奔商場。

快到商場時，突然看到路邊一個大姐坐在地上放聲大哭，周圍已經圍了十幾個人，她也圍了過去。經詢問才知道，原來這位大姐，因為婆婆身患重病，為了治病早已花光了所有積蓄，為了緩解婆婆的病情，這位大姐從左鄰右舍借來了五萬塊錢來為婆婆買救命藥，卻不小心遺失了，所以傷心之下，便坐在路邊大哭。

聽完大家你一言我一語的敘述，她的心被深深觸動了。於是，將要買衣服的三千元悉數遞給了那位大姐。在她的感召下，圍觀的人也開始紛紛向她伸出援手，不一會兒大姐就得到了五萬元捐款。

她就是人們觀念裡那種「自私」的年輕人。

平日裡，她最喜歡騎腳踏車上班，既健身又環保。無奈，那天天氣太熱，她只好選擇搭公車去上班。當她上車找好自己的位置後，突然，上來一個打扮時髦的女孩，紅頭髮、紅嘴唇，妖裡妖氣的。她有些鄙夷這個時髦女孩。

這時，車已滿座，那女孩站在車中間，耳朵裡塞著耳機，一副旁若無人的樣子。

不一會兒，車到了站，透過玻璃窗，只見站臺上站著一對老夫妻正準備上車，令所有人沒想到的是，這位時髦女孩急忙走到車門口，把那對老夫妻攙扶上來，並大聲對車上的人說：「誰可以讓一下座位給這兩位老人？」那一刻，車廂裡好幾個人站了起來，那情景，至今讓我感動不已。

也許是世界太匆忙，很多時候，我們忘記了放慢腳步去體會，原來生活中還有那麼多讓人溼潤眼睛、溫暖心靈的人和事。其實，只要你稍加留心，生活中總有令人感動的事情，而那些瞬間閃光的片段就像潛入心靈的一縷陽光，溫暖著我們。

感動有多深，行動力就有多強

佛說：「種如是因，得如是果。」就是說，不論是誰，哪怕你做了一點點的善事，也一定會得到善心的回報。

二〇一〇年新版《紅樓夢》播映時，便勾起了我重買一套精裝版《紅樓夢》的欲望。以前家裡曾有一套平裝的版本，可被借出去以後，便杳無音信了。我曾跑過多家書店，也在網路平臺尋找過多次，均因價格太高，遲遲沒有買到。就在前幾天，一個素不相識的文友在網路上po文說，他想求一張我們當地的報紙。我完全可以不管這件事，但轉念一想，或許這張報紙對他來說有著特殊的意義，便答應幫他找。就在我從公司找到報紙，到郵局辦完郵寄手續後，發現郵局外正在辦書展，我趕緊過去問售貨員，有沒有精裝版《紅樓夢》?售貨員說：「妳真幸運，就剩最後一套了，活動價打對折。」當我手捧著這套精裝《紅樓夢》時很是激動，心想如果我不曾寄樣報給文友，能得到這套心愛的書嗎？

記得小時候，對街住著一對從外地來做生意的夫婦。一次，他們從外面帶回來一個瘋婆婆。在回家的路上，他們看到路邊一個瘋婆婆正在撿東西吃，很可憐，便毫不猶豫地把她帶回了家。夫婦倆忙裡忙外，替她洗澡梳頭，洗衣做飯，像對待親生母親一樣。直到一個月後，瘋婆婆的家人才透過各種方法找到了她，當看到瘋婆婆被照顧得這麼好時，她的家人非常感動，非要拿出一萬元答謝夫妻倆不可，可是他們說什麼也不肯接受。就在此後不久，夫妻倆在進貨的路上出了車禍，雙雙住進醫院，身邊沒有一個親人可以照顧他們。瘋婆婆一家人聽說後，馬上趕過來，替他們端水餵飯，無微不至地照顧他們，一直到他們康復出院。

很久以前曾看過這樣一個故事，二戰期間，一支部隊和敵人展開了激烈的決戰。槍林彈雨中，一位連長看見一枚手榴彈落在離自己不遠的一名戰士身邊，情況十分危急。連長想也沒想就奮不顧身地衝了過去，把戰士緊緊壓在身下，只聽轟隆一聲巨響，連長抬頭看時，驚出了一身冷汗。就在他起身的時刻，一顆砲彈落在了他剛剛匍匐過的地方，把那裡炸出了一個大坑。而那枚手榴彈，由於忘記了拉線，所以沒有引爆，他們安然無恙。這位連長在挽救戰士的同時也挽救了自己的生命。

很多時候，當我們在幫助他人的時候，其實也幫助了自己。正所謂贈人玫瑰，手有餘香。

可見，一顆慈善的心，結下的是芬芳馥郁、香澤萬里的善果。其實很多時候，感動有多深，行動力就有多強；善心才能換善心，熱情才能贏得溫暖。那讓我們心存一顆慈善的心，去享受善果的回報吧！

身邊的感動

每天吃過晚飯後，我都要到公園去散步，在公園的兩座涼亭之間，總能遇到一位六十多歲的老人，一手拿著蛇皮袋，一手拿著撿拾垃圾的工具，所以我一直以為他就是這個公園的清潔工。

有一次我走累了，正好在離老人身邊不遠的地方停了下來，便隨口問了老人一句：「爺爺，你做清潔工真是辛苦，晚上還上班啊？」老人聽後先是一愣，而後爽朗地笑著說：「哈哈！我不是清潔工。」「你不是清潔工幹嘛撿垃圾呢？哦！我明白了，你是撿廢品賣錢吧。」我恍然大悟地說。可是看老人穿得乾乾淨淨的樣子，也不像啊！我疑惑著，這時老人再度笑起來，說：「我是一名退休公務員，和妳一樣也是晚飯後出來鍛鍊身體的，反正閒著也是閒著，不如做些有益的事情，所以就把路上的一些廢品撿起來扔到垃圾桶裡。其實也是舉手之勞吧！」聽完老人質樸的話語，我不禁肅然起敬。

在公園裡散步，我還經常看到一對父女，有時遇到上坡路，女兒就會牽著老人的手，鼓勵老人慢慢地向上走。看老人神情愉悅的樣子，我不禁感嘆人世間的親情不過如此，我想，老人應該是幸福的吧！

那次我和同伴從這對父女的身邊走過時，我忍不住對同伴說：「如果我們老了，也能像這對父女一樣就知足了。」同伴瞥了我一眼：「妳說什麼呀！他們根本就不是父女，是鄰居。」「是鄰居？那他們……」同伴開始跟我講起了他們的故事。

老人很不幸，前年他唯一的兒子突發腦溢血離開了人世，隨後媳婦也離開了家。去年和他相依為伴的老伴也突然撒手人寰，老人一度孤獨成疾，這一切被對門的「女兒」看在眼裡，便主動扮演了「女兒」的角色。「女兒」白天工作忙，但晚飯後總要帶老人出來散步，慢慢地，老人擺脫了孤獨，心情也好了很多……所以說，老人有這樣的「女兒」也是幸運的。聽完這個故事，還有誰不被「女兒」的舉止感動呢？

其實在我們身邊，每天都有很多感動的事情發生。比如搭公車給老弱婦孺讓座；看到一輛拉滿貨物的人力車艱難地上坡，大家幫他推上坡；把迷路的孩子送回家；把不小心摔倒的兒童扶起來；捐款儀式上主動獻上自己的一份愛心……

感動無須氣吞山河，感動無須驚天動地，清清的河水，垂垂的楊柳，暖暖的陽光亦是感動。當感動轉化為行動力，真誠的話語，鼓勵的眼神，親切的問候也是最好的感動。

有一種善舉叫沉默

我家對面住著一對中年夫妻，兩個人同在一家不錯的企業裡工作，收入也很可觀。可是，我卻發現這對夫妻的生活極其儉樸，每次去他們家串門，常常看到他們吃的是粗茶淡飯，而且他們衣著也很樸素。不說別的，就說他們家那臺電視機，最少也有十幾年的歷史了。於是，我不止一次地奚落他們：「你們家的電視該進歷史博物館了吧！你們也真是的，又不缺錢，幹嘛那麼小氣，整天把自己弄得跟貧民似的，何必呢？」每次，對於我的話他們夫妻倆也不反駁，總是一笑了之。

有一天，我從外面回來，看到對面鄰居家門口站著一個年輕人，年輕人手裡還提著一袋子的水果。於是，我問他找誰，年輕人說出了對面的名字。看年輕人憨厚的樣子，也不像個壞人，我便告訴他，還沒到下班時間呢，要不先來我家等等吧！

年輕人隨我進屋後，我問他：「你是他家親戚啊？」年輕人搖了搖頭說：「不是。」我又問：「你們是朋友？」年輕人再次搖了搖頭說：「我們還沒見過面呢。」「那你們……」年輕人看我疑惑的樣子，便一五一十地跟我講了起來。

原來，年輕人在讀小學三年級時，父母雙雙出了車禍，成了身障者，這對於一個本來就貧困的家庭來說更是雪上加霜，年輕人不得不選擇輟學。那時，正好對門夫妻所在的公司和學校實行「手拉手」慈善活動，於是，對面夫妻從此便負擔起年輕人所有的學費和生活費，但他們唯一的請求就是不准公司和學校聲張此事，只希望孩子能健康快樂地成長。

如今年輕人已經大學畢業找到了一份工作，說什麼也要上門來感謝恩人，並告訴他們自己已不再需要資助了，所有才按著每次匯款的地址找到了這裡。

聽完年輕人的話，我突然熱淚盈眶，原來一直被我奚落的吝嗇鬼，卻是這樣的慷慨。更可貴的是，他們的善舉，卻從來不聲張，不宣揚。

有一種善舉叫沉默，當事人不想被過度關注，只想默默地做著力所能及的事，這就是最簡單也是最本質的善。

真實的高度

一個編輯跟我講過這樣一段經歷。那時，身為編輯的他每天都會收到上百封的稿件，然後逐個點開仔細閱讀。後來他發現一個現象，幾乎所有的寫手，都會在文章的末尾加上一段自己的履歷，比如發了什麼作品在什麼知名刊物，或者自己出了幾本書。更有甚者，幾乎把自己發表的所有報刊名錄都附在了後面，洋洋灑灑上千字。或許他們想以此引起編輯的注意吧？

在這些投稿中，他發現了一個很有名氣的作家，他的文章寫得很精采，然而，在這位作家文章的末尾，卻只留下了郵編、地址和姓名，沒有了那些累贅，反而讓編輯看上去很清爽。後來他忍不住發了封郵件問：「你為什麼不在文章的後面附上你耀眼的名片，諸如簽約作家、出版書籍若干等？」作家很快回覆：「因為我不想讓那些美麗的光環浮躁了自己的心，我只想追求高品質的文字。」而這裡的高品質就是追求一種寫作水準上的高度。

法國著名小說家小仲馬，因其《茶花女》而名揚文壇，之後力作不斷。然而，在小仲馬剛出道時，他寄出的稿件總是屢屢被拒。那時，小仲馬的父親大仲馬已經在世界文壇享有盛譽，於是，大仲馬便對小仲馬說：「如果你能在寄稿時，隨稿向編輯先生附上一封簡訊，說『我是大仲馬的兒子』，或許情況就會好多了。」小仲馬卻斬釘截鐵地對大仲馬說：「不，我不想坐在你肩頭上摘蘋果，那樣摘來的蘋果也會沒有味道。」就這樣，倔強的小仲馬不但拒絕了以父親的盛名做自己事業的墊腳石，而且他還不露聲色地替自己取了十幾個不同姓氏的筆名，以此避免編輯們把自己和大名鼎鼎的父親聯想在一起。

接下來，他依然不停地投稿，又一次次面對著退稿，但他始終沒有氣餒，而是更加刻苦努力地寫作。終於，他的長篇小說《茶花女》以其驚世駭俗的構思和文筆深深地打動了一個資深編輯。而這位編輯和大仲馬有著多年的來往，當他看到寄稿人的地址與大仲馬的絲毫不差時，便懷疑是大仲馬所寫，但又覺得風格截然不同。於是，他乘車來到了大仲馬家想探個究竟。出乎編輯意料的是，《茶花女》這部偉大的作品，居然是大仲馬的兒子小仲馬所寫。但其中一點令編輯疑惑的是，小仲馬為何不寫自己真實的姓名呢？小仲馬的回答是：「因為我只想擁有真實的高度。」

比爾蓋茲榮登全球富豪榜之首是一種高度，賈伯斯締造了蘋果神話也是一種高度，作家小仲馬的真實高度則建立在他寫出的一本本經典的書籍之上。

他們的成功之路不難告訴我們，不躺在榮譽上睡覺，不依賴他人的影響力，只有擁有真才實學，才能達到真實的高度。就像小仲馬一樣，只有灑下辛勤的汗水，才能收穫豐碩的果實，也才能讓自己的路走得更遠。

在感動中收穫，在行動中傳承

曾看過這樣一個故事：「一個失去記憶的老人，找不到回家的路，被一對好心的農村夫婦收留了下來，他們並不富裕，況且他們家裡也有老人和兒女要撫養，可是這對年輕的夫婦依然把這位老人留在了身邊，像對待自己的親生父母一樣來贍養，他們把自己最無私的愛奉獻給了老人。一晃就是十年，十年啊！這是怎樣一個概念。就在十年後的一天，奇蹟發生了，老人突然恢復了記憶。根據老人的回憶，這對夫婦終於幫這位老人回到了自己闊別多年的故鄉，終於見到了自己的親人。」這是怎樣一個動人的場面。

節假日，鄰居小周和他的太太開車去郊遊，在路邊也發現了這樣一位老人，老人一臉的汙垢，頭髮像草一樣亂蓬蓬的，就那樣蜷縮在一棵小樹旁，而且看起來很飢餓的樣子，因為她正在吃從地上揀的樹葉。也就是在看到她的那一刻，他們的心同時被觸動了，誰沒有父母？誰又不會老去？假如她是自己的父母，又該是怎樣的一種心痛呢？於是他們下了車，憐惜地把老人扶了起來，又把老人輕輕地扶到了車上。看著髒兮兮的老人，他們的眼睛裡也噙滿了淚水。

回到了家裡，小周忙著去為老人做飯，他的太太則忙著替老人洗澡換衣服。等一切都收拾完畢，老人也吃飽了飯，這時才發現原來老人患有嚴重的阿茲海默症，她根本就不知道自己家在何方。就這樣，老人在他們家一住就是兩個多月。兩個月裡，他們帶老人看病吃藥，補養身體，體貼入微的服侍老人。

與此同時，在老人的家裡亂成了一團麻，凡是老人有可能要去的地方他們都找過了，不知道貼出去多少份尋人啟事，也不知道在網路上發布了多少文章，可是依然找不到老人的蹤跡，她的家人幾乎絕望了。兩個多月了，誰又會收留一個精神病患者呢？她一定餓死在異地他鄉了。

也就是在這時，老人卻很意外地被一輛轎車送回了家。原來，那天看電視時，小周和他的太太正好看到了那則尋人啟事，於是，他們按照尋人啟事上的地址一路找到了這裡。

在感動中收穫，在行動中傳承。幾年後，老人的家人居然成立了一個安養中心，專門收容孤寡老人。

在這個世界上，不知有多少人每天用自己的愛心演繹著人間的真情。愛是什麼？愛是一種最無私、最寬廣、最坦誠、最善良的感情。

如果生命只有七日

在網路上看到這樣一篇文章：如果生命只有七日，你最想做的事是什麼？網友們紛紛各抒己見，我不禁感慨萬千。固然，生命是美好的，也是很珍貴的，但它終有走到盡頭的那一天。如果生命只有七日，我該做些什麼呢？

第一天，我要把它留給父母。我要幫他們洗衣做飯、端茶遞水、捏腳捶背，陪他們一起聊聊天、說說話。因為是他們給了我生命，是他們含辛茹苦把我撫養成人。猶記得在我十歲那年，家裡條件十分貧困，有段時間，我們甚至連飯都吃不飽。為了改善我們的生活，父親每天下班後，還要出去做裝卸工；而母親原本有份不錯的工作，為了多賺一些錢，主動到生產第一線，每天像個男人一樣忙碌。那時，望著父母疲憊不堪的樣子，我暗暗下定決心，等我長大了，一定好好孝敬父母。可是，長大後的我只顧著忙自己的家庭和生活，總覺得以後有的是時間來報答父母的養育之恩。卻沒想到已經來不及了，所以我要好好地陪伴父母。

第二天，我要把它留給老公和孩子。不知道有多久沒陪伴老公，也不知道有多久沒陪孩子一起玩了。依稀記得那時和老公約會的情景，月亮下、小河邊、小樹旁，都曾留下了我們的影子；也曾記得和孩子一起快樂玩耍的場面，公園裡、木馬上、碰碰車裡，彷彿使我也回到了童年。所以，在生命的最後時刻，我要和老公和孩子一起過往。

第三天，我要把它留給我的兄弟姐妹。那一年，一場大病毫無徵兆地向我襲來，我的世界彷彿瞬間坍塌。我哭得死去活來，這時的兄弟姐妹們來到我的身邊，他們鼓勵我，還在病床前無微不至地照顧我。終於，在兄弟姐妹的陪伴下，我度過了難關，身體恢復了健康。所以我要把最珍貴的一天，和兄弟姐妹們一起分享。

第四天，我要把它留給我的知心文友。轉眼，我撰稿已經有近二十個年頭了，在這二十年裡，我結識了一些來自全國各地的文友，尤其和幾個文友特別要好。我們曾一起讀書、一起寫作、一起品嘗人生的點點滴滴，我們也曾相約在美麗的城市、鄉村甚至旅遊勝地，但卻最終因種種原因而擱淺了。如果生命只有七日，我願意抽出一天的時間與文友們相聚言歡。

第五天，我要把它留給我的工作。就要走到生命的盡頭了，可是，手裡依然還有許多沒有完成的工作，所以我必須把它認真交接給接替我的人，囑咐他（她）一定要完成我沒有完成的工作。

第六天，我要把它留給美麗的大草原。美麗的草原一直是我最美麗的嚮往。多少年來，綠草茵茵、牛羊成群、繁花似錦、一望無際的大草原一直憧憬在我的心房，所以我要抽出一天，策馬馳騁在美麗的大草原上，讓心緒也隨之飛揚。

第七天，我要把它留給自己。我要靜靜地回憶過去，無論是好的、壞的，還是開心的、不開心的。一切就像放電影一樣地把我的人生重放一遍，然後，靜靜地等待最後一刻的到來。輕輕地我走了，正如我輕輕地來，我輕輕地揮手，告別西邊的雲彩。

細數生命中的最後七日，突然讓我茅塞頓開。其實，在我們生命的最後七日，我們要做的何嘗只是這七件事情，我們要做的還有很多很多，比如：我還想去聽聽音樂、看看大海、吃吃美食……可是，為什麼這一切非要等到生命的最後時刻才想起來去做？為什麼不能在我們的生命旅途中去早點踐行呢？生命中本沒有如果，不如在我們今後的生活中，趁還來得及，請珍惜生命裡的每一天，想做什麼就抓緊去做，千萬別讓你的生命留下遺憾。

風中高粱泥土情

秋風吹在臉上，有點痛，我急忙把車窗關上。閉上眼睛，師父慈祥和藹的身影清晰浮現。退休那年，師父已經六十歲了，精神卻很好，沒想到退休後竟然病了好多年。說來慚愧，我因為只顧著忙自己事情，對此居然一無所知，更沒有想過要去看望師父。

那天，無意中聽說師父患了腦中風時，我驚呆了。幾番周折，我終於打聽到師父家的電話，於是便急忙打了過去。接電話的是一個女人，一陣寒暄後，我知道她是師父的兒媳。得知我是師父的徒弟，並準備去探望時，她一個勁兒地說：「真不好意思，還麻煩您跑那麼遠的路，我們這附近正好在修路，要是忙，還是不要來了，您的心意我們領了。」在我一再堅持下，她想了想說：「那好吧，您來時，先打個電話給我，我開車去接您。」

就這樣，秋風一路捎帶著我，向師父家的方向奔去。沒心思觀賞路邊的風景，滿腦子想的都是我和師父曾一起工作的點點滴滴。大約兩小時後，大巴到達村口。下車後，我左顧右盼，沒有看到車的影子，更沒有看到有人在等我。我急忙打電話給師父的兒媳，接通後，她說：「正在路上呢，馬上就到。」於是，站在路邊留意著過往的車輛，然而一輛又一輛的轎車從我的身邊飛馳而過，根本沒有停下的意思。

終於，一個村婦模樣的人開著一輛普通轎車停在離我不遠的地方，村婦下了車，滿臉歉意地走過來，問：「您就是英子吧？」不等我回答，她繼續說：「對不起，讓您久等了，正要出門時，您師父正好上廁所，所以耽誤了時間。」我回答她：「沒關係的。」她說：「那我們上車吧。」我這才仔細打量起眼前這個女人來，一個典型的農村婦女，紅紅的臉頰，紛亂的短髮，結實的身材。這樣一個女人，普通到不能再普通，所以我無意再和她答話，便小心翼翼地上了車。

秋風還是那樣呼呼地颳著，打開車窗，農村特有的新鮮空氣突然讓我清爽起來。隨風而來的是眼前一大片搖曳的高粱。那一棵棵吐著火焰的高粱，就如同身邊這個開車的紅臉村婦，在風中站成了一支整齊的儀仗隊，好像在迎接我的到來。

終於來到了師父的家門口。儘管來之前早已想到師父的外貌可能變化不小，一進家門，眼前的情景還是讓我驚詫不已，師父完全成了個小老頭，頭髮全白了，牙也脫落了，和之前的他簡直判若兩人。師父不會說話，但卻能分辨人，看到我的第一眼，躺在床上的師父便大哭起來。我一邊安慰師父，一邊也抹著眼淚。師父的兒媳急忙遞給我一張紙巾，又細心地幫師父擦著眼淚。只見她附在師父的耳邊像哄小孩似的說：「不哭了啊，英子來看你，你應該高興才對啊。快對英子笑一個。」師父當真就笑了。

將近晌午時，師父的兒媳說，該讓您師父出去晒晒太陽了。說著，她將師父的手臂搭在自己肩上，然後迎面抱起了師父，把他安穩地放在了輪椅上。「您師父個子高，抱他得有技巧，除了我，誰也抱不動他，就連他兒子抱幾次都抱不起來呢。」師父的兒媳一邊笑著說，一邊把師父推到了院子裡。

這時，早有街坊聽說我來看師父，都紛紛過來和我攀談：「妳師父真有福氣，兒子常年在外地工作，全憑這個媳婦伺候，不說一日三餐，她一口一口地餵，單是每天替他穿衣服就很費力，一般人根本做不到。只有她每天不辭辛苦地替妳師父穿衣、餵飯、洗涮，幾年如一日，從沒有喊過苦抱過怨。」

「妳師父生病剛入院時，這個媳婦執意要日夜獨守著病人，居然兩天兩夜沒有闔眼。那天，當醫生宣布病人已脫離危險期時，一家人才把一顆懸著的心放下，彼此互相告慰著，卻突然發現她不知去了哪裡，大家急忙分頭去找，原來，她在醫院的走廊裡睡著了。」

「這還不算，自從妳師父出院後，她就在妳師父的床邊臨時搭了一張床，這一搭就是好幾年，從沒有離開過妳師父。」

「還有件讓她更操勞的事情呢，她家裡還有一個九十多歲的爺爺，加上她年邁的母親，兄妹幾人輪番伺候，碰巧輪到她這裡時，她一下子就要照顧三位老人，而且田裡的工作也不耽誤。」

師父的兒媳聽著他們你一言我一語，卻有點不好意思地說：「誰沒有老去的那一天，他們都辛苦了一輩子，如今老了，就應該享受兒女的伺候。我只不過在做分內的事情，真不值得一提。」聽著大家的議論，我心潮起伏，想起身邊的一些人，總是以各種理由不願意伺候老人，再看眼前這個純樸、善良、勤勞的女人，我從心裡由衷地開始敬佩起她來。

下午，當我告辭準備離開時，師父的兒媳弄了滿滿幾袋子蕃薯、大蒜、玉米給我，我嫌拎著累，說什麼也不要，她便急了，說：「您這麼遠來看師父，還買了那麼多東西給他，您不要，我心裡過不去。」說著，就把那些東西強行拎上了奔馬車。

路上，再次看到田野裡那些瑟瑟的高粱。它們低著頭，彎著腰，默默地開花、灌漿、結穗，以一種成熟的方式向土地表達著深深的眷戀和感恩，寒來暑往，風雨無阻，在天地間揮灑出樸素的人性之美。

第四章

記得愛比記得名字更重要

行動力的重要性

無論生活中，還是事業上，行動力至關重要。如果你只是空想而不去行動，那你永遠不會把一件事情做到極致。同樣，親情摯愛也是如此。

行動力具有較強的主動性，不僅是想到，還要做到，只要你相信你能，你就一定能。之前聽過這樣一個故事，有一位母親，那天接兒子放學，當他們走在回家的路上時，突然一輛汽車像喝醉了酒的怪獸一樣向他們撲來，情急之下，母親奮不顧身地將兒子推出了危險區。可是，汽車卻從母親的身上輾了過去。後來，據目擊者說，本來母親是處於安全位置的，她只要轉身就可以逃離危險，這位母親卻用母愛的姿勢犧牲了自己，保全了兒子的性命。

也有這樣一位偉大的父親。那天晚上她的兩個女兒就睡在他隔壁的房子裡，這天晚上停電，十二歲的大女兒和十歲的小女兒怕黑，在床邊燃起了一支蠟燭，蠟燭燃盡時引發了一場火災。當父親發現時，他一個箭步就奔進了濃煙滾滾的房間裡，父親終於發現了蜷縮在牆角哇哇大哭的女兒，這時，門口火勢過猛已經出不去了，父親只好把窗子打開，用力將小女兒舉了出去，當他要舉起大女兒時已沒有了力氣，但他用盡了最後的力量，終於把大女兒也奮力舉了出去。當趕來的救火隊員撲滅大火後，人們看到父親被燒焦的身體，依然是雙臂上舉的姿勢。

以上案例足以說明，當親情化為行動，天地間都會為之感動。是的，父母的愛是偉大的，像大樹，一直挺立在那，不管風風雨雨，他們都會保護好自己的孩子；像大山，無論狂風暴雨，他們都會給孩子最好的環境；像陽光，就算天寒地凍，他們都會讓孩子吃得飽，穿得暖。當孩子遇到危險時，他們更是挺身而出，哪怕是粉身碎骨。

沒有陽光，就沒有溫暖；沒有雨露，就沒有豐收；沒有水源，就沒有生命的存在；沒有父母，就沒有我們；沒有親情友愛，世界就會是一片黑暗與孤獨。生活在愛的世界，我們有太多感動，卻常常含蓄地藏在心底，所以我們要懂得感恩，報答身邊人的恩情。

誰會為你的手機繳費

手機停機了，這陣子上班忙碌，所以沒有來得及替手機繳電話費。半天下來，沒有電話、簡訊，我的世界彷彿清靜了許多。

自從有了手機，似乎耳朵就沒有安靜過，多少次被它困擾著。有時，你正忙得不可開交，它總是不合時宜的鈴聲大作，讓你無可奈何。

這下好了，手機停機了，一切彷彿回歸到沒有手機的時代。那久違的安靜，突然讓我很嚮往，乾脆暫時不去續費，也好讓自己享受幾天悠然的日子。等我做好了決定，卻又突然想起，那幾個經常打電話給我的閨蜜，她們會不會因為找不到我而焦急？要知道，我說的閨蜜絕不等同於普通的朋友。

說起閨蜜，她們可是我的好姐妹，而且我們都經常通電話，想來有人打不通我的電話的話，肯定會幫我繳費的。

嵐是我的兒時玩伴，這麼多年我們一直保持著密切的聯絡，出社會之後，我們的電話更頻繁了，幾乎一天一個。萍是我在一個朋友的生日聚會上認識的，第一眼見到萍，我們便心有靈犀地相視一笑，那種彼此的好感，讓我覺得人與人之間的緣分有時真的很奇妙，後來，我和萍成了無話不談的知己。麗則是我朋友裡最漂亮的一個，比我小五歲，是我同學的妹妹，麗得知我偶爾有幾篇文章見諸報端時，麗便成了我的「鐵桿粉絲」，這也是我有生以來唯一的粉絲，所以，麗常常打電話給我，問我是不是又有什麼新作發表？

想著想著，心突然地期待起來，多希望透過手機繳費，來驗證我在她們心中的位置。

可是等待了一天的手機繳費通知，直到下班也沒有來。我不甘心，又等了一天，卻依然在失望中度過。第三天的時候，隨著手機「叮咚」一聲，我急忙打開簡訊一看，居然真的有人幫我繳費了，究竟是我哪位好友呢？

帶著激動，第一通電話我打給了嵐，嵐一接電話就抱怨說：「大姐，妳的手機總算通了，這幾天打了十來通電話也找不到妳……」第二通電話我打給了萍，萍也反應激烈地說：「真夠可以的，失聯好幾天，幹嘛呢？想省錢啊？」第三個電話我打給了麗，麗倒是不急不躁：「姐，忙什麼呢？手機也不去繳費……」

就這樣，一連又打了幾通電話，也沒有找到幫我繳電話費的人，這讓我悵然若失，難道是誰搞錯了？正在我納悶之時，一通電話打了進來，我一看，是家裡的電話，我連忙接聽。只聽母親在那頭焦急地說：「英子，妳沒事吧？」我說：「我沒事啊。」母親說：「沒事就好。昨天打電話給妳發現妳手機停機了，心想妳可能很快就會去繳費，誰知後來一直都是停機，怕妳出了什麼事，就急忙讓妳爸去繳電話費。」「啊？原來幫我繳費的人是你們啊？」我驚訝地問，母親說：「是啊！剛才打電話給妳又一直占線，這下我們總算放心了……」母親的話讓我心裡覺得很慚愧，一直以來，在我的心裡似乎很少裝過父母，而父母卻始終惦記著我。

接完母親的電話，我感慨萬千，原來，在這個世界上，會為你手機繳費的人，只有那些最愛你的人，只有他們才是最關心你、最怕會找不到你的人。

溫暖的祕密

父親剛退休那陣，每次母親打電話來都抱怨，說父親就像得了自閉症似的，每天在家除了看電視就是看報紙，怎麼勸也不肯出門。母親說：「英子，有空妳也來勸勸妳爸，妳看我們社區，那麼多老年人每天聚在大門口有說有笑多開心啊！」

於是，每次去父母那裡，我都是一再勸父親，多出去走走，多和老年人交流，這樣有利於身體健康。父親嘴上答應著，偶爾也出去走走，但多數時間還是不肯出門。我和媽私下議論著，父親原先在公司好歹也是個小主管，如今退休在家，可能是一時半會接受不了這個事實，所以也只好任由父親自己慢慢轉變。

父親退休大約半年的時候，我突然患上了一場重病，經過一段時間的住院治療，我的病情逐漸好轉。出院時，醫生一再強調，回家後必須好好休養。父母不放心我，執意要把我接到家裡去住。剛開始，我怕麻煩父母，說什麼也不肯，母親說：「我每天要買菜做飯做家事，也顧不上妳爸，妳來了，也好和妳爸多說說話。」聽了母親的話，我這才決定搬到了父母那裡。

原來，我一直堅持業餘寫作，也有文章不斷在報刊上發表，留下的收件地址都是在公司。可如今，我可能要面對一個漫長的病假了，地址再留公司已不太合適，於是，我把收件地址改到了父母這裡。

在父母家休養的那段日子，我每天除了躺著看書，就是上網寫點東西，或者和父親聊聊天，日子過得舒適而愜意。也不知從哪天起，我和母親都發現父親開始喜歡外出了，而且在外待的時間越來越長。每次從外回來，父親還會順便幫我把稿費單或者樣報、樣刊一併帶回來。

一次，母親高興地對我說：「妳爸在社區門口和那麼多人興高采烈地說著什麼，就像中了獎似的，我從他身邊經過他都沒發現我。看到妳爸那麼開心，我也就放心了。」想著爸的轉變，我也由衷地感到欣慰。

快樂是治病的靈丹妙藥，一晃，我在父母這裡已經住了半年有餘，人也長胖了，病也好了。於是，我便告別父母，搬回到了自己的家裡。白天依舊上班，在業餘時間我依然堅持寫作，自然，我把收件地址又從父母那裡改回了公司。

一段時間後母親又打來了電話，說妳爸又變回原來的樣子了，整天在家唉聲嘆氣的，也不肯出門，問他到底怎麼回事？他也不說，真拿他沒辦法。

抽個空閒，我趕緊到父母家裡去。出乎我意料的是，一進家門，父親看到我來，指著桌子上的稿費單興奮地對我說：「英子，妳看，今天郵差又往家裡送稿費單了，明天我就到大門口等去。」那一刻，我突然明白了前段時間父親開心的祕密。想到這裡，我便對父親說：「爸，想跟您商量一件事，上次在公司，郵差送稿費單時，我不在，同事幫我收了，結果不小心弄丟了。我想以後就留我們家裡的地址，您幫我收，我才放心。」父親聽了，很高興地說：「行，行，這事交給我了。」

從那以後，每隔十天半月，我就去看望父母，也順便取稿費單或樣報、樣刊。那天，我剛到父母所在的社區門口，就看到父親和一圈人興高采烈地說著什麼。我悄悄地走過去，只聽父親說：「看，我女兒又在報上發表文章了，這裡還有幾張稿費單。我女兒可會寫文章了，出過好幾本書，還得過獎呢……」聽著父親炫耀的話，看著父親眉飛色舞的樣子，我的心裡充滿了感動。

愛在如花的歲月裡

在我家的客廳和臥室裡，總是擺放著幾盆盛開的鮮花，那璀璨的黃、妖冶的紅、純潔的白，點綴得家裡春風蕩漾，四季放香。每每有鄰居來我家串門，都會對那些花兒讚不絕口。其實，這全是母親的功勞——那些花兒全都是母親精心培育的。

母親一生沒有什麼愛好，唯獨喜歡養花。童年的時候，我們住在家屬院的小平房裡，院子雖然不大，卻種滿了各式各樣的花草，月季、秋菊、海棠、指甲草、文竹、吊蘭等。走進小院，一股幽香撲面而來，沁人心脾，惹得左鄰右舍都喜歡往我家跑。母親愛花，卻是毫不吝嗇，但凡有鄰居看上哪盆花，母親都會爽快地送給他們，這使得母親在家屬院裡人緣也特別的好。

曾多次目睹母親養花的過程，澆灌、培土、施肥、移植、剪枝等，非常繁瑣，可是母親卻一絲不苟、不厭其煩地從事著每一道「工序」，彷彿她侍弄的並不是什麼花，而是她心愛的兒女。

有一次，一盆月季生了病，葉子泛黃無精打采。我問母親：「這盆月季生病了，扔掉吧？」母親攔住我說：「這盆月季還有救，我換上新土試試。」於是，母親讓我在一旁幫忙，替月季換上了新土。而後的幾天裡，母親像照顧病人一樣替這盆月季澆水，施肥，把它放在向陽之處。像是回報母親似的，幾天的工夫，那盆月季便舒展開了綠油油的葉子。那泛著新鮮色澤的葉子，映著母親喜滋滋的臉……

母親愛花，在她的眼裡，我們姐弟幾人便是她的玫瑰、她的月季。有一次，由於頑皮，我和家屬院的小朋友們在爬牆頭時摔了下來，臉擦破了皮，鮮血流下來，我捂著臉哭著跑回家，母親見了急忙找出藥水、藥棉，用她那溫軟的手，細心地為我擦拭著，那心疼的表情深深地鐫刻在我的腦海裡，也就是從那一刻開始，我真切地意識到：母親一直在精心地培育著我們。

母親的那些花兒，給我的童年帶來了無窮的樂趣。其中，最大的樂趣莫過於母親幫我梳頭時，採下兩朵小花，綁在我的兩條小辮裡，當我搖晃著小腦袋到處炫耀時，其他小朋友羨慕得兩眼發光。指甲草開花後，母親會把那些花瓣一片片地摘下來，放到一個石臼裡，加上白礬搗成花泥，再到附近的田裡摘幾片蓖麻葉子，晚上睡覺前，母親小心翼翼地用那些花泥，把我的手指包紮好，第二天我便擁有紅彤彤的手指甲了。

童年，我就是在母親培植的花草香氣中度過的。後來，我們家搬到了寬敞明亮的大樓，我也逐漸長大，直至為人妻為人母。如今的母親已進入了暮年，可是她的愛花情愫依然如故，每當花開時節，母親總會變換著為我送來幾盆新鮮的花兒；每當我倦了、累了，或者遇到了坎坷挫折，那些花兒就像母親陪伴在我的身旁一樣，為我輕輕地撫平一切，讓我的心像花瓣一樣重新舒展開來……

世間最慷慨的愛

我的父母都退休了，每月退休金將近十萬元，但我的父母卻是一對極其小氣的人。

雖然家裡生活條件還可以，可是他們依然過著精打細算的日子，哪怕是一滴水、一度電、一分一毫都不會浪費。比如每次去父母那裡，吃完飯後，母親總是不讓我洗碗，母親說我不懂得節約，太浪費水了。父親也是這樣「錙銖必較」，每當我從廁所出來忘記關燈時，父親總是第一時間幫我把燈關掉，嘴裡還不忘說一句：「以後要注意隨手關燈。」

每天到菜市場買菜，父母更是討價還價，買回來的菜回家後總是要秤一秤，遇到缺斤少兩的絕對不行，肯定要回去找商販理論理論。就連父母買衣服，都不能超過三百元，否則他們絕對不買。

記得有一年春節，父母要我陪他們一起上街買新衣服，轉了幾個商場後，父母終於在一個老年專櫃看上了自己喜歡的衣服，結果一問價錢，業務員說一件衣服要三千時，父母齊刷刷地向後轉，雙雙走出了專櫃。我急忙拉住父母說：「這個錢我出還不行嗎？」父母說：「誰出這個錢還不是一樣貴，幾百塊錢的衣服就很不錯了，幹嘛要浪費那個錢？」沒辦法，我只好在一個小店裡陪父母各買了一件廉價的衣服，他們這才高高興興地回了家。

最令人不解的是，那次父母一起外出散步時，母親手裡的一元硬幣不小心掉進了草叢裡。兩位老人在草叢裡找了半個多小時也沒找到，結果第二天散步時，他們又不約而同地到那片草叢裡尋找那枚硬幣，直到找到為止。

父母的這種小氣讓我感到不可思議，老兩口省下那麼多錢，到底有什麼用呢？

那年九月中旬，一場大病毫無徵兆地向我襲來。那時我剛好新買了房子，手裡沒有一點積蓄，而父母平時又是「小氣」慣了，我一時籌借無門，傷心、無助而又有些絕望。就在我最艱難的時候，我的父母來到了我的身邊。他們先是責備我這麼大的事情也不提前告訴他們一聲，而後父親對我一字一句地說：「孩子，爸媽是小氣，但妳現在生了病，別說讓爸媽拿幾十萬，就是傾家蕩產我們也心甘情願啊！」說著，父親拿出了十萬塊錢的現金，交到我手上。在接下來的治療當中，父母又先後拿出幾十萬元。就這樣，一場病下來，我幾乎花光了父母的所有積蓄。

「小氣」的父母用最慷慨的愛，給了我第二次生命。每當我心情愉悅地走在陽光下，我就會想起我那「小氣」的父母——他們使我懂得，當孩子遇到難處時，天底下再「小氣」的父母，也會傾其所有，變得「大方」起來，這就是世間最慷慨的愛。

點一盞愛的心燈

無論這個世界如何變化，總會有一個地方，點一盞愛的心燈，等你回家……

兒子剛開始上中學時，有了晚自習。從那時起，每天晚上十點鐘，我都會在樓下的大門口等兒子回家。兒子說：「媽，以後別再等我了，一路上燈火通明，我會安全到家的。」我沒有聽兒子的話，仍然一如既往地等兒子回家。一次，兒子回來後連個招呼都不打便獨自上樓了，我追了上去，問兒子怎麼了？兒子沒好氣地說：「媽，以後別再等我了好不好？這讓同學們看到了多丟臉。」原來兒子是在厭煩我，原來兒子是怕丟臉。可是我仍然很固執，因為若干年前，有人就是這樣一直在等我回家。

那一年，我剛開始工作，由於工作需要，有時必須上夜班，而每次上夜班回家的路上，要經過一條又黑又長的窄巷，我生性膽小害怕，母親便每天晚上都準時地出現在巷口等我。一次父親出差，母親的腳不小心扭傷了，我便對母親說：「媽，您晚上早點休息吧！不用再到巷口等我了，我不會害怕的。」

結果，那天晚上下班時，我一邊在心裡默默地祈禱著：「我很勇敢，我不害怕，我很勇敢，我不害怕……」一邊心裡開始發毛，那些鬼燈鬼臉不時在我的幻覺中變幻著……雖然我也知道世上根本就沒有什麼鬼怪，但我還是很害怕。突然，在我的正前方——窄巷的深處，有一盞燈來回晃動著，「天啊！莫非我今晚真的遇見了傳說中的鬼燈？」我嚇得哆嗦起來，一步一步地向巷口退去，我發現，我每退一步，那個鬼燈就往前移動一步……那晚，我真的嚇壞了，出了衚衕口我便癱軟在地上了。

不知過了多久，我聽到了一個慈祥的聲音在輕輕地呼喊著我的乳名，睜開眼，我看到了母親，她一手拄著枴杖，一手拿著點燃的蠟燭，我哭著撲到了母親的懷裡。母親知道我膽小，在家門口點燃了一支照明的蠟燭，因為遲遲看不到我的人影，便左顧右盼，所以蠟燭在母親的手裡便左右搖晃著，而我卻錯把蠟燭當成了飄移的鬼燈。

那時候母親就是這樣愛我的，如今我也會用這種方式愛我的兒子。那一晚，樓上所有同學的母親都不約而同地站在大門口等孩子們回家。當兒子看到我們的那一刻，他的眼裡閃爍著晶瑩的淚花。

是的，這個世界上，無論如何變化，總會有一個地方有一盞愛的心燈在等你回家……那一盞溫暖的燈光，就像一條流淌的河，無論我們身在千里萬里之外，還是過去十年百年之久，都會給予我們永遠的愛與明亮，那是一種召喚，也是一種銘記。不管風起雨落，那盞燈就在那裡，如最暖的星。

陽臺上的守望

自從父母退休後，兩個人平時就是看看電視、養養花，安享著晚年，我們這些做兒女的倒也安心。不料，前一段時間，弟弟不小心摔傷了腿，母親便去弟弟家照顧他。因為最近幾年父親血壓有點高，留他一個人在家我也不放心，所以，便把父親接到了我家裡來住。

本來，把父親接來是為了照顧父親，可是，由於公司人事變動，把我從重要職位調到了普通職位，我一時想不通，覺得很丟臉。從那以後我的情緒十分低落，整日無精打采的，人也瘦了一圈。這一切，父親看在眼裡，疼在心上，父親安慰我說：「換個普通工作也好，省得整天忙得不知道家，總有一天會累壞的，這下好了，以後妳可以早點下班回家了。」聽了父親的話，我不耐煩地對父親說：「爸，你懂什麼啊？」說完，我轉身進裡屋去了，身後傳來了父親嘆息聲。

那些日子，我躲閃著熟人同情的目光，人也變得沉默寡言了，下班後只想著回家。每次走到樓下，無論回來早還是晚，前後不差二十分鐘，我都會發現父親站在陽臺上，不停地張望著，每次看到我的身影便立刻把眼睛調開，不是裝作看天，就是裝作侍弄陽臺上那幾盆花，我知道父親是在為我擔心，可是我心裡一時半會還是轉不過這個彎來。

也許，時間是治癒傷口的良藥吧！大約過了一月，父親和我雖然都沒再說什麼？但在我的心裡卻發生了微妙的變化，我對變動工作那件事情也漸漸地想開了。那段時間，每次下班回來，看到陽臺上的父親，我的心裡總會有一種暖暖的感覺。我開始每天渴望著回家，以便第一眼看到陽臺上的父親，感受著那濃濃的親情。

一次，下班時碰到一位熟人正步行回家，此時的我，也不再刻意躲避什麼，所以我主動提出騎車把她送回家。把她送到家門口時，出於禮貌。她邀請我去她家喝茶。結果從她家出來，再回到社區門口時，卻比平時晚了半小時。走到樓下，我下意識地朝陽臺上看，卻沒有看到父親的影子。突然，一種不祥的感覺襲上我的心頭，父親患有高血壓，本來該我照顧父親的，卻沒想到一直以來卻讓父親為我操心，父親不會因為等不到我而心急犯病了吧！想到這，我三步併作兩步往樓上跑，打開門我就扯開了嗓子喊：「爸！爸！」卻沒有人應答，我嚇得腿都發起抖來，一個房間一個房間找父親，卻還是沒有父親的影子。父親能去哪裡呢？

我這才想起，平時回家都是從東向西，因為今天送人，所以我是從西向東回的家，父親一定是等得太久了，而我也沒有打電話給父親，所以父親肯定是依著以前的路線去接我了。想到這裡，我急忙跑出社區門口，向著我平時下班的方向一路找了過去。大約走了一半的路程，我看到了我那可敬的父親，他邁著蹣跚的步伐一邊走一邊四處張望，生怕跟我擦肩而過似的，望著父親的背影，我的眼淚不爭氣地流下來。

我跑過去，緊緊地拉著父親的手，就像小時候，他拉著我那樣，一步步走回家，那是溫暖的家，也是守望幸福的家。

最幸福的遊伴，最美的風景

自從我記事起，母親就從未離開過我們，更別說去旅遊了，倒是父親因為工作常年奔波在外，操持家務的重擔便落在母親一個人肩上。

為了這個家，母親一直勤勤懇懇、任勞任怨，除了每天忙碌的工作，就是照料我們姐弟幾人，從不讓我們吃一點苦、受一點委屈。這使得我們從小就感受著母親的愛和家庭的溫暖。雖然母親從捨不得離開我們，但是有時候我們也聽到母親慨嘆：「外面的世界是什麼樣子啊？我要是能出去看看，該有多好。」

其實，母親也不是沒有出去旅遊的機會。那一年，公司為了調動員工的積極性，便舉辦了一場旅遊活動。當母親得到通知後，自然是又驚又喜，畢竟母親沒有出過遠門，可是一想到我們沒人照料，母親感到很為難。因為那時我們姐弟正在上學，雖然都夠照顧自己，可是母親總覺得必須由她親自來照顧才放心。當我們姐弟得知這個消息後，便展開了討論，決定無論如何不能讓母親放棄這個機會。於是在我們的勸說下，母親總算勉強答應了。

就在母親要去旅遊的那天夜裡，我發起了高燒。為了不影響母親的行程，我暗下決心不告訴她。站在家門前，和我吻別的母親感受到了我燒得滾燙的臉蛋，二話不說，背起我就往醫院裡跑……在母親細心的照料下，我的高燒很快就退了，而母親也失去了她難得出去走走的機會。後來，當我看到《媽媽再愛我一次》這部電影，感同身受，禁不住眼淚滾滾而下，竟哭成了一個淚人。想想電影裡失去媽媽的孩子，自己是何等的幸福啊！是母親給了我們無限的滋潤和關愛，才使我們在良好的環境下得以幸福地成長著。我對母親說：「等我長大後，我一定要帶您去旅遊。」

轉眼間，我們姐弟已長大成人，母親也已兩鬢蒼蒼。而我們又重複起母親過去的生活，忙於事業，忙於家庭，在忙忙碌碌中度過了一年又一年，只能一邊在心裡自責、一邊在嘴裡一遍又一遍地重複著當初對母親的承諾……而母親總是寬厚地說：「忙你們的事情去吧！只要你們過得好，就是對我最好的回報。」

最近，我發現已退休在家的母親鬢角又多了些許白髮，我知道，再不陪母親出去走走，於我，於母親，都將會留下難以彌補的遺憾。於是，前段時間，我提前訂好旅行社，帶母親一起去旅遊，以了卻我多年的心願。

其實，能陪在母親身邊看風景，我就是最幸福的人，而母親溫柔的笑意，就是我生命中最美的風景，讓我永遠流連不倦。

繾綣似水，厚愛如山

一直想寫寫父親，腦海裡反反覆覆想著父親的慈祥，父親的和藹，父親的可親……可提起筆來，卻不知從何說起。突然，電話響了，「孩子，回家吃飯吧！」原來，是父親的電話。

想想真的很慚愧，都是成家立業的人了，卻不曾盡一份孝心，反倒讓父親常常為我們這些兒女惦記。但父親就是這樣，每逢節假日，都會為我們做上可口的飯菜，再一通電話一通電話地喚我們回去。可不是吹牛，吃過了很多餐廳的菜，都不及我父親燒的菜好吃。每次回家，父親總是不厭其煩地為我們做上一桌的好菜好飯，尤其是父親做的紅燒魚，我特別愛吃。

可是不知不覺中，父親已是七十歲的人了，兩鬢斑白。於是，我們都勸父親，不要再為我們勞累了，以後節假日回家的時候，飯就由我們來做吧！可父親卻說：「怎麼，你們是嫌我老了嗎？我的身體可還硬朗著呢！看你們一個個每天工作都那麼緊張，飯也吃不好，所以一定要讓你們回家好好地改善改善。」結果父親仍然一如既往地為我們操勞著。想想一家人能夠圍坐在一起吃飯，是多麼的幸福啊！可是這幸福，卻來自父親的給予。每當看到我們吃得津津有味的樣子，父親的臉上泛起滿足的微笑。

我不會忘記，在我八歲那年的冬天，凜冽的寒風吹打著窗櫺，而室內的我卻發著高燒，嘴裡起了一口的水泡，已經有好幾天沒有吃東西了，醫生說沒有什麼大礙的，打過針吃過藥，再慢慢吃點東西就會好起來的，母親抱著昏昏欲睡的我，一個勁兒地抹眼淚。父親看在眼裡，疼在了心底，這樣下去怎麼得了？必須盡快讓我吃點東西，為了勾起我的食慾，父親想起了我最喜歡吃的紅燒魚，但那時候不像現在，隨便到菜市場就能買得到，那時想要吃魚還得到很遠的地方買。

於是，父親騎上腳踏車頂著刺骨寒風，往賣魚的方向飛奔而去。把魚買回來的時候，他整張臉已經凍得通紅。說來也怪（也許是藥物起了作用），聞到香噴噴的紅燒魚，我居然清醒了，嘴裡的水泡也不再疼了，燒也退了，居然什麼東西都可以吃了。

十二歲那年，一向要強的我，在一次考試中失利，覺得無顏面對父母，便離家出走了。記得那天，烈日當頭，毒辣的太陽彷彿要把人烤脫一層皮似的，我躲到了一個小樹林裡，想逃避這一切。眼看著已經過了晌午，我餓得眼冒金星，我開始後悔自己的出走。正左右為難之際，烈日下父親高大的身影出現在我的面前，父親的臉晒得紅紅的，手裡還拎著飯盒和水，疲憊不堪的父親對我說：「孩子，餓了吧！這是妳愛吃的蛋炒飯，吃飽了好有力氣跟我回家。」吃著父親做的飯菜，想著父親為了找我，不知道走了多少路，流了多少汗，我突然感到很內疚。

也曾記得，二十歲那年的冬天，我生病住進了醫院。因為離家遠，我不得不在醫院裡買飯吃。可是，買來了飯，只吃了一口，就皺緊了眉頭，這哪裡能和父親做的飯相提並論啊！就在我感到難以下嚥時，病房裡走進一個熟悉的身影。是父親。他提著一個飯盒，外面包著厚厚的棉布，打開飯盒，病房裡立刻飄起了一股飯菜的香味。聞著香味四溢的飯菜，我想像著，從家裡到醫院，即使叫車也需要一個小時的時間，再加上買菜、做飯，父親要花費多少時間啊！就這樣，那段時間父親一直送飯給我，直到我病癒回家。

成家後，想著父親總算不用再為我操勞了，誰知，結婚後的第一個星期日，說好了去父親那裡吃飯的，可是臨時和朋友一起聚餐，就忘記了打電話給父親。那一天，我們酒足飯飽之後回家，卻發現父親就蹲在我家的門前，手裡還抱著一個飯盒，看到我們回來，父親急忙站起來說：「敲了半天門也沒人開，怕你們省事吃泡麵，所以就幫你們送水餃來了。」那一刻，望著父親滿臉的皺紋，我百感交集。

人的一生，究竟會走過多少歲月我沒想過，究竟會吃多少頓飯我也沒算過，但無論是五星級飯店還是街邊的小攤，再沒有誰能比過父親的飯香。繾綣似水厚愛如山，那永遠瀰漫在心靈深處濃郁的飯香，便是父親濃濃的愛啊！

記得愛比記得名字更重要

親情是一股涓涓的細流，給心帶來滋潤；親情是一縷柔柔的陽光，使心靈即便在寒冷的冬天也能感到溫暖；親情是一杯陳香的穀雨茶，讓情感即使蒙上歲月的風塵仍然醇香彌久……親情是人類一個永恆的主題，陪伴著我們走過每一個難忘的日子，譜寫著我們多彩的人生。

小時候，每到穀雨的時節，我都吵著鬧著要母親送我到外婆家，跟著外婆上山去採穀雨茶。

外婆說，穀雨時採製的春茶才是最好的茶。明代許次紓在《茶疏》中也曾這樣說過：「清明太早，立夏太遲，穀雨前後，其時適中。」

天矇矇亮，我和外婆就起床了，匆匆吃完早餐，帶上背簍，拿著鐮刀，再帶上中午足夠吃的乾糧，就上山去了。連綿的山巒，優美的風景，讓我喜悅萬分。我喜歡茶樹散發的淡淡幽香，喜歡布穀鳥的叫聲，喜歡青翠的裝扮以及清新的空氣。在這種環境裡採茶就是採上一天也不會覺得累。

不覺天就黑了，外婆的背簍已經裝得滿滿的，我和外婆相互攙扶著下了山。回到家裡，吃過晚飯，我和外婆把採摘回來的茶葉倒在桌子上，揀去裡面的雜物，外婆動作麻利地在灶臺上放上鍋，我幫著外婆把風箱拉得呼呼作響，等鍋燒熱了，就把摘乾淨的茶葉倒進鍋裡炒茶，然後外婆用雙手不停地搓揉著茶葉，直到把茶葉搓揉成一個個小黏團，再放在一個大簸箕裡晾晒，穀雨茶就算製成了。這時，外婆布滿皺紋的臉就會舒展開來，露出一種孩子般的笑容。

外婆說，穀雨茶是清熱解毒的良藥，常喝穀雨茶有益身體健康。有時，外婆會沏一杯濃濃的穀雨茶讓我喝，端著外婆的穀雨茶，淡淡的清香飄逸著，讓我的心也充滿了沁人心脾的芬芳。

外婆把穀雨茶打成了包，等母親接我回家的時候，外婆就讓我帶上一大包，足夠我喝一年的。

後來，我上了學，穀雨時節便再也沒和外婆一起去採茶。但是，外婆總會託人為我捎來一包包的穀雨茶。尤其在酷暑的時候，喝上一杯穀雨茶，清涼爽口；寒冬的時候，喝上一杯穀雨茶，立刻溫暖全身。每每這個時候我就會深深地想起外婆。

再後來，我開始工作，外婆也漸漸衰老。去看外婆時，外婆又要我帶穀雨茶，我便說什麼也不肯要了。因為怕外婆行動不便再去上山採茶，我只好對外婆撒謊說：「現在城裡流行喝咖啡，整天喝外婆的穀雨茶別人會看不起的。」說完這句話時，我看到外婆流露出一種深深的失落。

那些日子，外婆病了，病後的外婆因腦失智，所以人也變得糊塗了，看到我時，連我的名字也記不起來了。可是，當我出現在外婆面前時，外婆卻拉著我的手，從櫃子裡拿出一包東西來，我打開看，居然是一包穀雨茶。那一刻，我的眼淚不知不覺地滾落下來，外婆雖然記不得我的名字，但外婆卻依然記得愛。

是的，無論親人之間如何變化，記得愛永遠比記得名字更重要。

媽媽的愛有多少斤

看過中國一個新聞：為去看坐月子的女兒，一位五十多歲的母親備了十隻土雞、三百多顆土雞蛋、豬油和親手做的酒釀、紅糖……一大包行李就連司機都不願意帶，而她卻拎了幾十里地。

無獨有偶，那年我和同事到外地出差，來到火車站，隨著熙攘的人流進入站臺，只見長長的火車就像一條蜿蜒的長龍，一眼望不到頭。我一邊跟隨同事向我們所在的車廂走去，一邊嘴裡還不停地抱怨：「這火車怎麼這麼長，都走出去一里地了，怎麼還沒到啊，快累死我了。」同事說：「妳累什麼啊？妳看看前面。」於是，我順著同事手指的方向望過去，看到一位六十多歲的老婦，肩膀上扛著一袋子什麼東西，想必那袋子裡一定裝著很重的東西，因為儘管那個婦人體格很健壯，但看上去依然氣喘吁吁的樣子。

等我們上了火車，找到自己的車廂座位時，看到那位婦人的座位正好就在我們對面，只見那個婦人正彎腰將那一袋子的東西使勁往座位下塞，待我們坐定後，我禁不住好奇，便問那婦人：「阿姨，您這是要去哪裡啊？」婦人一臉喜悅地說：「我要到臺北看女兒。」說話間婦人已經將那一袋子東西安置好，坐到了座位上，我瞥了一眼座位下的蛇皮袋又問：「那您袋子裡裝的是什麼東西啊？」這時，婦人眼裡剎那間有點羞澀地說：「還能是什麼呢？我女兒從小喜歡吃地瓜，我就帶了一袋地瓜啦。」我有幾秒鐘啞在了那裡，等我回過神來後，便又對婦人說：「您也真是的，臺北那麼發達，什麼東西買不到啊！您還大老遠背這麼重一袋東西，不怕累著啊？」婦人一連聲地說：「不累！不累！女兒也總是這樣說我，但這些地瓜都是我親手栽種的，沒有灑農藥，又甜又沙好吃極了。女兒喜歡吃，就算再累也值了。」說完，婦人一臉幸福的樣子。

忘不了那年冬天，我打電話給媽媽，寒暄一陣後，我無意中透露出寢室的窗戶關不緊，晚上睡覺有點冷。結果，一星期後，我正在宿舍裡看書，有同學來報：「不得了了，快出去看看吧，妳媽媽扛著一大包東西來看妳了。」聽完同學的話，我急忙走出宿舍。外面已經是個位數溫度，媽媽的額頭卻冒著汗，我跑上前去驚訝地問母親：

「媽，您肩膀上扛著什麼東西啊？」母親笑著說：「妳那天不是說寢室有點冷嗎？我特意做了一床新棉被，這下好了，保證我女兒能暖暖和和地過一個冬天。」我急忙從母親的肩上接過包裹，卻差一點栽倒。我心想，這棉被到底幾公斤啊？怎麼這麼重。拎回寢室後我急忙打開包裹，卻發現包裹裡還夾著一包包，再次打開這個包包，才看到裡面有母親幫我買的暖暖包，還有我愛吃的牛肉乾、薯條、葡萄乾、蘋果等，看著面前這一堆東西，我的眼淚不由自主地奔湧而出。

有人說，母愛如燈，她用生命的光輝照亮我們人生的路；有人說，母愛如水，點點滴滴都是愛，滋潤著我們兒女的心；我要說，母愛如山，她終其一生付出在孩子的身上，無怨無悔地用這份沉甸甸的愛呵護著兒女的成長。

媽媽的愛太重，司機都載不動，媽媽的愛到底有多少斤？誰又能說得清。

有份禮物叫「寬容」

還有幾天，就是母親的生日了，送母親什麼好呢？這幾年，諸如衣服、鮮花、健康食品什麼的，我都已經送過了，但母親不是嫌貴就是嫌不實惠，總是不合母親的心意。其實，這之前我曾徵求過母親的意見，問她到底喜歡什麼禮物？母親卻沒好氣地對我說：「我不愁吃不愁穿的，什麼禮物也不稀罕，只希望妳能有一顆寬容的心就行了。」母親之所以這樣說，是因為她還在生我的氣。

那是一個多星期前的事情。那天我家門口來了一位不速之客——渾身髒兮兮的流浪狗。我剛要把牠攆走，卻被出來的母親看到了，她急忙阻止了我。母親一直很喜歡狗，但我總嫌髒不想讓她養。看著瘦小可憐的流浪狗，母親到屋裡拿來些吃的，把牠餵得飽飽的，那隻狗才離開。

誰知第二天，這隻流浪狗又來了，我厭煩地作勢要打牠。母親看到後急忙制止我，說：「妳怎麼可以這樣對待小動物呢？」我說：「不把牠趕走，牠以後就會賴著不走了。」母親說：「那也沒關係，我正好想養牠。」母親又拿出食物來餵牠。我堅決不同意母親養牠，並且和母親吵了起來。

我對這條狗厭煩到了極點，再看到牠時，趁母親不注意，我便拿了袋子，把牠裝起來放在車架上，騎上腳踏車，丟到了幾公里之外。我想，這下，麻煩總算解決了。

沒想到幾天後，這條狗不知怎麼又找了回來，而且乾脆晚上也不走了，就睡在我們家門口。有幾次，我看到母親偷偷地餵牠，雖然母親沒有再提出過收養牠，但自從這條狗出現後，母親便再也沒給我好臉色。

母親生日之前，我就想著給母親一個怎樣的驚喜好讓母親開心起來。想想母親把我們從小拉拔大，從沒跟我們要過什麼，如果母親真喜歡這隻狗，我怎麼就不能容納牠呢？想著想著，我突然靈光乍現，有辦法了。

母親生日那天，我早早地起床，把那隻流浪狗抱進了家，用了將近一小時的時間幫牠洗了澡，再用吹風機把牠吹乾，又對牠噴了香水，結果，這隻流浪狗完全沒了以前髒兮兮的樣子。

等做完了這一切，母親差不多起床了，我開心地來到母親面前說：「媽，祝您生日快樂！猜我送您什麼禮物？」母親看都不看我一眼，說：「送什麼禮物我也不要。」我說：「媽，您可別後悔啊！」說著，我把那隻小狗抱了進來。母親有些吃驚，問：「這是？」我急忙告訴母親：「這就是那隻流浪狗啊！」母親開心地抱著那隻小狗，激動地說：「這是我收到的最好的生日禮物了。」看著母親開心的樣子，我也感到很欣慰。

我想，或許我們應該更加寬容地對待父母的要求，即使他們的要求有時候不太合我們的心意。很多時候，一顆寬容的心，才是送給母親最好的禮物。

溫暖一生的禮物

七歲那年，眼看著兒童節就要到了，和我們在一起玩耍的同伴們大都收到了節日禮物，而我們姐弟幾人卻還是兩手空空，因為我們從來都不曾收到過母親的任何禮物。我們不禁私下商量，今年兒童節一定要母親送我們禮物，否則，我們真的懷疑她是不是繼母了？

懷疑母親是繼母也不是沒有道理。記得有一次，母親正準備上班時，突然發現弟弟有點發燒，母親一邊推著車子往外走，一邊從口袋裡掏出一些錢，吩咐姐姐說：趕緊帶妳弟弟去醫院打針，再拿點藥回來給弟弟吃，說著母親騎上腳踏車就上班去了。那時我就想，哪有親媽看到自己的孩子生病了還急著去上班的？那次，鄰居家的小軍生病，他的母親不但沒去上班，還在家幫他做好吃的呢！

還有一次，門口來了一個賣棉花糖的，妹妹可憐巴巴地央求母親買一支棉花糖吃，可是母親不但不讓她買，還扯著嗓子喊：「你們一個個又要吃又要穿，還要幫你們繳學費，哪有閒錢買棉花糖。」看到母親執意不肯買，妹妹哇哇大哭。站在一旁的我感到很氣憤，不就是買一支棉花糖嗎？能花多少錢？

為了證實母親到底是不是親的，我還特意用了一次苦肉計。那天，我在手上輕輕地劃了一個小傷口，使勁往外擠出了幾滴血，假裝哭著跑回了家。這時，母親正在廚房做飯，看到我劃傷了，母親立刻對我大聲嚷嚷著：「那麼大的孩子了，就知道在外面瘋玩，抽屜裡有紗布，自己去包手。」那一刻，我的心冰涼冰涼的，看到母親不但不安慰我，反而對我大喊大叫，這不是繼母是什麼？

那天，當母親聽說我們想要節日禮物時，陰沉著臉說：「真是一群討債鬼，哪有什麼禮物給你們啊？」聽完母親的話，我們對母親徹底絕望了，同時也證實了母親肯定就是繼母。

兒童節的那天早上，吃過早飯後，母親看到我們一個個悶悶不樂的樣子，忍不住說：「孩子們，今天是兒童節，祝你們節日快樂！」我在心裡嘀咕著，沒有禮物談什麼快樂啊？接著，母親有點愧疚地說：「家裡最近實在太困難了，等以後生活條件好點了，媽媽一定送你們最好的禮物。」

那時，我們真是年幼無知，哪裡考慮到家庭的貧困，尤其父親身體也不太好，母親又要上班又要做家事，沉重的家庭負擔壓在她一個人的肩上，她能有什麼好心情啊？而我們卻從來不懂得體諒母親，還一味地跟母親要禮物，甚至懷疑她。

說話間，母親突然在我們每個人的額頭上深深地印下一個吻，那一刻，我看到我們姐弟幾人眼角都閃爍著淚花。誰說這個節日我們沒有收到禮物？我們得到了世界上最珍貴最難忘最快樂的禮物，而這禮物，足以溫暖我們姐弟一生！

人生有度，大愛無涯

我們公司的張姐，是財務部的部員，按說我們公司的薪水也算不錯了，可是張姐在業餘時間又找了一份打工，讓我們很是不解，張姐的薪水足以居家過日子了，那麼拚命地賺錢，累不累啊？後來，私底下，我特別問過張姐，當時張姐的眼睛溼溼地對我說：「我工作的信念就是讓父母生活得好一些。」

原來，張姐五歲那年，不幸患了一場大病，醫生告訴她的父母，說這孩子恐怕不行了，你們做好放棄的準備吧！張姐的父母哪裡肯相信醫生的話，堅持繼續替張姐治病。後來，在醫院裡，張姐急需輸血，可是為了替她看病，花光了家裡所有的錢，於是，張姐的父母只好持續把自己新鮮的血液輸給了她。張姐的病好了，她的父母卻落下了一身的病。那些年，她的父母過著常人無法想像的苦日子，然後供她上學讀書。

說完這些，張姐已經泣不成聲了，張姐說：「比起父母對我的養育之恩，我這點累又算什麼呢？如今父母老了，該是我知恩圖報的時候了。」

是啊！想想我們的父母，哪一個不是為了自己的兒女操碎了心。記得我小時候，生活條件差，為了讓我們姐弟吃得好一點，穿得好一點，我的父母總是不停地加班。一次，天已經很黑了，父母還沒有回來，往常就算父母加班也該回來先替我們做好飯，然後一起吃完飯再走的，但如今就是不見父母的身影。一直等到晚上九點多，母親公司的一位同事突然來到我們家，說母親太累了，在工作時暈倒了，父親已經趕到了那裡，現在正在醫院裡打點滴，讓我們在家再等等。大約十點鐘，父母回來了，一進家門，父母問我們是不是餓壞了，話音還沒落，母親就和父親一起到廚房為我們做飯去了。

這一切，我又怎麼能忘記。如今，我的父母雖然都已退休，生活得也不錯，但我還是想讓我的父母生活得更好一些。我的父母年輕時因為養育我們，從來沒有出過遠門，雖說現在不愁吃不愁穿了，但帶著父母出國、去看海、去遊山玩水，一直是我的「最高理想」。

父母的付出遠遠比山高、比海深，作為晚輩，要學會感恩，懂得知恩圖報，努力讓父母在有生之年生活得更好一些。讓父母生活得更好一些，不單展現在物質上的供養，更需要情感上的交流。人生有度，大愛無涯，以我們有限的生命，來回報父母無限的愛。

愛的契約

那是一個夏日的午後，天空像水洗過一般的藍，絲絲流雲如同優雅的流蘇點綴在這塊湛藍色的絨布上，一切是那麼的寧靜美好。此時，猶太男孩多諾吹著口哨騎著一輛單車快樂地向家中飛去。因為今天他被波蘭一家商行正式僱用，所以他要把這個好消息盡快地告訴母親，好讓母親和自己一起分享喜悅。

自從父親去世後，多諾的母親便靠打各種工獨自承擔起了撫養自己的責任，春去秋來，寒來暑往，母親不知為自己操了多少心，流了多少汗。好在老天眷顧，多諾終於大學畢業，並找到了一份稱心如意的工作，母親也總算是苦盡甘來了。接下來，如再能遇到一位稱心如意的女孩，結婚生子，讓母親兒孫繞膝，那將是一個多麼美好的生活前景啊！

可是，就在多諾和母親一起憧憬美好未來的時候，二戰爆發了。德國納粹在入侵波蘭後，便將多諾和他的母親連同無數的猶太人一起運送到波蘭西南方向的一個小鎮——奧斯威辛。原來這裡是一處被波蘭政府廢棄的軍營，一九四〇年，納粹德軍侵略波蘭後，便將這裡改建成集中營，作為關押波蘭俘虜的勞工營。

在奧斯威辛集中營，被運到這裡的猶太人會經過一個挑選過程。可以做苦工的男性會被送到苦工營，而其他老弱婦孺卻被送到營地，所以，多諾一到集中營，便和母親失散了。

在苦工營那些黑暗的日子裡，多諾曾親眼目睹了德國納粹滅絕人性的血腥殘殺。一批批老弱婦孺被德國納粹送進了「浴室」裡，但是到「浴室」時他們才知道蓮蓬頭放出的是毒氣，所以，他們都中毒身亡。更不堪入目的是，一批批猶太人被德國納粹用手槍射殺，用絞刑絞死，然後把他們的屍體扔進萬人坑裡。多諾就曾親眼看見了一位六十多歲的母親，被納粹用屠刀剖腹致死的場景。那一刻，多諾的精神徹底崩潰。

無休止的體力勞動加上納粹的虐待，多諾一度喪失了活下去的勇氣。只要他和那些「無法忍受納粹折磨的人」一樣奔向帶有高壓電的鐵絲網，他所有的苦難都將結束。於是，那天，一心求死的他，做好了撲向高壓線鐵絲網的準備。可是，就在他接近高壓線的瞬間，卻突然想起了母親。這個辛苦了一輩子的母親，還沒有來得及享福，如今卻生死未卜，母親現在在哪裡？是否也和自己一樣承受著苦難？多諾一無所知，而自己又怎麼能不顧母親的死活自己撒手人寰呢！妳陪我長大，我要為妳而生，想到這裡，多諾改變了主意，他決定即使為了母親，也一定要活下去。

於是，多諾虔誠地和上帝簽下一個契約，內容是：「如果我活著忍受的磨難越多，那麼，就讓我的母親承受的磨難就越少吧。」

「一個人知道自己為什麼而活，就可以忍受任何一種生活。」這是哲學家尼采的話。當一個人有了必須活下去的理由，無論情況多麼艱難，都能活下去。

而多諾正是有了這份愛的契約，他承受的磨難似乎都有了意義，所以，在納粹集中營裡，他熬過了一個又一個苦難的日子，最終卻奇蹟般地活了下來。

當多諾與上帝訂下契約時，沒有人知道同在集中營中的母親是否還活著。使多諾活下去的理由，是一個兒子回饋母親的最深沉的愛。

多年以後讀懂愛

八歲以前，和所有的孩子一樣，他有一個幸福美滿的家庭。九歲那年，他的父親突然去世，從此他的生活蒙上了一層陰影。

不料，三個月後，母親往家領回一個男人並對他說：「以後叔叔就住在我們家了，因為我們家需要叔叔的幫忙。」他憤怒地說：「不要，以後我能養家，妳讓他滾出去！」「不許你這樣跟叔叔說話！」緊跟著一個響亮耳光打在他的臉上。他愣怔了片刻，一溜煙地跑出房門。

暮色四合，他蜷縮在一堆雜草裡，心就像這黑夜一樣黯淡，父親離他而去，母親有了別人，他的心像被刀割了一般，眼淚撲簌簌地掉下來。突然，他聽到男人呼喚自己的名字，一個念頭頓時在腦海裡浮現，他決定教訓教訓這個男人。

於是，男人在尋他無果回家時，他用繩子將男人絆倒。他拎著那條絆倒他的繩子進屋後，聽到屋子裡傳來母親的責罵聲。他心裡想：這個可惡的男人就是成心來分裂他和母親感情的。

高中那年，因為學校離家較遠，他住了校。那天，男人又來到學校替他送衣物，在宿舍門口，他接過東西後扭頭就回了宿舍。一名同學好奇地問：「你父親大老遠來送衣物給你，你怎麼連聲招呼都不打？」他惱羞成怒地說：「我的事不用你管！」同學也不甘示弱，大聲對他說：「我偏要管！」於是，他與同學由爭吵變成廝打，他抓起寢室裡的一把椅子砸了過去，同學的頭上血流不止，昏倒在地。因為這件事，同學家長要求學校開除他。這讓他更加憎恨那個男人，要不是他，自己也不會落得如此下場。

轉眼間大學即將畢業，他和幾名同學為寫畢業論文一起回到家鄉做調查研究。那些日子，他不願回家，和同學住在青年旅館。這天，在石料場一個坡道上，他們看到一個腰彎的像大蝦米一樣的男人正吃力地拉著一車的石料，艱難地往前挪著腳步。

幾名同學急忙跑過去幫男人推車。一直到上完了坡道，男人才扭過頭氣喘吁吁地說：「謝謝！謝謝！」就在男人扭頭的剎那，男人的眼睛與他的眼睛撞在了一起，就那樣僵在了那裡。

他扭頭一鼓氣跑回了家。一進家門，他就迫不及待地問母親：「媽，那個男人不是有份不錯的工作嗎？怎麼會去做那種工作？他到底圖什麼呢？」母親看到他突然回來，先是驚喜，而後才悠悠地說：「孩子，他什麼也不圖，他只為了一個承諾，那就是用盡全力來愛你！」「還記得那次他出去找你嗎？你用繩子絆倒了他，摔得頭破血流，可是他從沒有一句怨言；你上高中那年，他就從原公司辭了職，那份工作雖然清閒卻賺得少，你要上學，我要吃藥，所以，他從那時起就換了一份拉石料的工作；還有那年，你和同學打架，學校準備開除你，他背著你找到那同學的家長，跟他們下跪，這才取得了他們的原諒啊……」說著，母親從枕頭底下抽出一封信。那是父親臨終前寫給他的信。

原來，那一年，父親患上了不治之症，母親也被查出患上了一種慢性病，從此不能再做粗活。男人和父親是工友，因為是個孤兒，到三十多歲也沒結婚。就是在這個家岌岌可危之時，男人主動承擔起照顧他們的責任。

一直到父親臨終前，父親拉著男人的手說：「我這一走，最放不下的就是他們母子，你能幫我照顧他們嗎？」男人深深地點了點頭，可是父親說：「我的意思是，孩子還小，他不能沒有父親。」男人起初不肯答應，但看著父親那雙祈求的眼神，男人只好應允下來。為了讓父親走得安心，男人向父親承諾，一定用盡全力來愛這個家。

看完了信，他早已經是淚流滿面，問母親：「為什麼不早點告訴我這一切。」母親說：「剛開始的時候你還小不懂事，等你長大了，他卻不讓我把信交給你，他說要用愛讓你來接受他。」「可是，這些年我卻對這些愛視而不見！還口口聲聲讓他滾出去！」說完，他便發瘋似的又跑了出去。

來到了石料場，遠眺，尋覓，他終於看到了那個比塵埃還要低的拉車男人。他幾步就跨到了男人的面前。男人看到他，嚇了一跳，急忙卑微地低下頭說：「你？你怎麼又來了？」他上前一把抱住了這個男人，悔恨交加，心痛到無法呼吸。

你是我溫暖的依靠

那天，我正在電腦前敲字，弟弟打來電話，說姐姐暈倒了。怎麼會呢？在我心目中，這個處處勝我一籌而又無比強悍的姐姐，怎麼會倒下呢！

扔下手中的工作，連電腦都沒顧上關，就匆匆趕往姐姐家。看到弟弟已經先一步趕到了，弟弟說：「已經撥打了一一九，救護車馬上就到。」

我急忙來到姐姐的床前，靜靜地凝視著姐姐，這才發現，不知從什麼時候開始，歲月的年輪已經悄悄地爬上了姐姐的額頭，連眼角都有了皺紋。姐姐老了，也胖了，鬢角有了白髮。我用手輕輕地將姐姐凌亂的髮絲攏到腦後，看著姐姐緊閉的雙眼，眼淚不由得往下掉。

姐姐比我大三歲，小時候的姐姐模樣很好看，總是綁著兩條黑黑的辮子。由於父母工作忙，姐姐總是牽著我的手一起玩耍，呵護著我走過快樂的童年。記得有一次，由於我頑皮不小心摔破了腿，姐姐用她那稚嫩的脊梁背著我，一路喘著粗氣背到了醫院。

所以，姐姐一直是父母眼裡的乖孩子，成績優秀，樂觀積極懂事，而且總是那樣充滿了活力。而我卻總是讓父母傷透腦筋。

我自認自己從來就不是讀書的料，上小學時便充分證實了這一點，因為每次考試，我都是不及格。每每拿回成績單，都免不了父母的一頓喝斥，而最讓我惱火的是，父母總是拿著姐姐的成績單在我面前揮舞著，那感覺彷彿在揮舞著一張得意的獎狀。

我至今記得，當我又一次捧著平均分數不及格的成績單出現在父母面前時，父親實在忍無可忍了，第一次打了我，一邊打一邊還不停地怒吼著：「妳姐姐每次都考班上前幾名，妳怎麼就這麼不爭氣，難道妳和妳姐不是同一對父母所生？」那一刻我恨透了姐姐，就是這個讓我處處追不上的姐姐，屢次讓我在父母面前一無是處，於是，我決定教訓教訓姐姐。

那天，姐姐做完作業，跟父母說，今天作業很重要，因為老師讓姐姐第二天在課堂上跟大家做講解，父母聽後臉上喜形於色，連連誇獎說：「我女兒真棒！」

晚上，等姐姐睡著後，我偷偷從姐姐的書包裡拿出姐姐寫好的作業，咬著牙，狠狠地將姐姐的作業本一頁一頁撕得粉碎，我一邊撕嘴裡還一邊說：「讓妳棒，讓妳棒！」

一夜無眠，想著姐姐該是什麼反應呢！第二天一早，我飯也沒吃，就候在門外等著看熱鬧。突然，從她的房裡傳來一聲淒厲的喊叫，接著就是姐姐傷心的哭聲。想著一定免不了一頓揍，我便一溜煙地跑出了家門。

一直到傍晚，姐姐才在一個小樹林裡找到了我。本以為姐姐會找我算帳，誰知姐姐卻說：「跟姐回去吧！都是姐姐不好，只顧著自己的成績，卻忘記了對妳的幫助和輔導。」

姐姐的耐心輔導下，我的成績一點點有了起色，父母對我也逐漸有了笑臉。

然而，就在姐姐即將考大學，也是我考高中的那一年，我們家發生了一場變故。一向健朗的奶奶突發腦溢血，奶奶住院不僅花光了家裡所有的積蓄，而且奶奶出院後永遠癱在了床上，讓我們這個本來就不富裕的家庭蒙上了一層陰影。當父母宣布我和姐姐必須有一個人放棄學業時，我和姐姐都不由得掉下了眼淚。

最終，父母把我叫到了跟前，對我說：「姐姐成績好，妳休學，就讓姐姐繼續上吧！」我還能說什麼呢？誰讓父母一直偏心姐姐呢！

可是，這件事情被姐姐知道後，姐姐卻對父母說，這樣讓我繼續讀書對妹妹不公平，不如讓我們都參加考試，看誰考的成績好再做決定。我從鼻子裡輕輕哼了一聲，明知道我沒有競爭力，想跟我搶就明著來，何必玩詭計呢！

儘管我用盡了吃奶的力氣，然而考試結果，還是姐姐一路領先，而我卻考得不盡人意。

一所知名大學錄取了姐姐，那天，姐姐背著行囊興高采烈地準備出門時，父母讓我送姐姐一程。我一路無語，而姐姐卻顯得異常興奮，一邊走一邊對我說：「小妹，妳覺得姐姐怎麼樣？是不是很棒！」我不搭訕，只顧低著頭往前走。

來到車站時，姐姐準備上車，轉身從包裡取出一封信，說：「小妹，這封信是寫給妳的，回到家裡再看吧！」

姐姐到底寫了些什麼呢？等車開走後，我就迫不及待地展開了那封信，只見上面寫著：

小妹，替我好好讀書，妳一定要像姐姐一樣將來考個好大學，也替我好好照顧奶奶，我去外地工作了，我會按時寄錢給家裡的，一切放心好了。

姐姐

讀完姐姐的信，我驚呆了。

因為有了姐姐的犧牲，讓我懂得了珍惜。之後我開始發憤讀書，結果，一路順暢，考進大學之後又有一份不錯的工作，我的人生似乎進入了一個完美的階段。

然而天有不測風雲，人有旦夕禍福。在公司的一次體檢中，我不幸被查出了重病。那一刻，我整個人都崩潰了，開始整日以淚洗面，甚至想到了自殺。就在這時，姐姐來到了我的身邊。

姐姐安慰我說：「別怕，有我在呢！」於是，我隨姐姐一道來到了市區醫院，姐姐幫我聯絡了最好的醫生，手術，治療，接下來，一場更大的考驗來到我的面前。

由於我一直無法擺脫病痛的陰影，我一次次對著姐姐大聲地咆哮：「別管我，讓我去死！」每每這時，姐姐總是含著眼淚緊緊地抱著我。一次次，為了減輕我的病痛，姐姐拖著微胖的身體，為我擦汗、按摩、鼓勵我，呵護我！可是我非但不領情，還大聲說姐姐：「滾，妳滾！」

直到某一次在睡夢中我無意間聽到姐姐一邊哭泣一邊跟同病房的家屬說：「為什麼生病的不是我？為什麼要這樣折磨妹妹？」那一刻，盤踞在我心裡的陰霾立刻煙消雲散，姐姐曾給予了我無數的關愛，我還沒有來得及報答姐姐，報答身邊的親人，我怎麼能就這樣撒手而去呢！

剎那間，我的世界春暖花開了，我積極調整自己的情緒，人也變得樂觀起來，在姐姐的精心照料和我的積極配合下，我的病徹底痊癒了。

如今，姐姐病倒了，讓我如何不難受？拉著姐姐的手，就像姐姐曾無數次拉著我的手一樣，我輕輕地對姐姐說：「姐姐，妳是我今生溫暖的依靠，姐姐，妳一定要快快好起來！」

第五章

走進美麗而豐盈的人生

行動力的核心要素

行動力是導致成功結果的能力。具有行動力的人，行為的主動性高，具備一定的冒險精神，傾向於在「做」的過程中不斷學習和提升，對理想目標沒有畏難情緒，不怕困難和挫折，相信自己。時間管理的根本要素在於提升人們的行動力，行動力的根本要素則在於行動的效率，比如：春暖花開時，很多人計劃著結伴而行，去共赴一場春天的盛宴，但是行動的效率卻很低。因此，那些喪失行動力的人，就錯失了邂逅美麗的機會。

很多人之所以行動力不夠，部分原因是在已有目標和方向的前提下，沒有掌握正確的方法，其次就是沒有時間觀念，因此導致辦事效率低下，手頭事物的序列混亂、複雜，思路不清晰，因此對於事務的推進力十分低下，久而久之形成拖延症，這屬於行動過程中缺乏有效的方式方法，從而導致進度緩慢和低下。

那如何才能提高自己的自信心呢？首先要行動起來，要有意識地選擇與那些性格開朗、樂觀、熱情、善良、尊重和關心別人的人進行交往。其次，要不斷提高自我評價，對自己做全面正確的分析，多看看自己的長處，多想想成功的經歷，並且不斷進行自我暗示，自我激勵，每天在心中默念「我可以，我做得到」。經過一段時間鍛鍊，自卑心理就會被逐步克服。

捫心自問：你是否總覺得自己被無窮無盡的瑣事包圍？你是否常有分身乏術的感覺？你是否感覺自己忙忙碌碌卻一無所獲？你是否覺得越忙反而越迷惘？答案不言而喻，每個人在占用時間的數量上是相等的，但每個人利用時間的效率是不相等的。所以說，行動力的確非常重要，相信自己行，才會我能行；能正視不行，也是我能行；別人說我行，努力才能行。

外面的世界很精采。它是傍晚風中滿天的紅霞，將生命塗抹得絢爛多彩；它是沉沉夜色中最亮的星星，指引著我們的心與眼睛；它是生活裡一棵長滿可能的樹，希望的光總會在黑暗中閃亮。於是所有的故事都浸潤著瑩瑩的暖，所有的過往都飽含著濃濃的情。

面對這個色彩斑斕的世界，你還能說，我不行，我不能，時間不夠，太奢侈？那麼，趁著山花浪漫時，何不立刻行動起來，遊走於清幽的山野，去觀看花開花落。去體會大自然的神奇。

走進美麗而豐盈的人生

世上萬物，皆屬身外，唯有一樣東西卻能點入肌膚，融入骨，讓我們耳聰目明，志存高遠，這便是書。古人有「書中自有黃金屋」之說；朱熹也有「讀書百遍，其義自見」的名句；杜甫的「讀書破萬卷，下筆如有神」，也強調了讀書好處。

記得我小時候，物質很貧乏，沒有玩具，更沒有任何的娛樂場所，父母每天上班，無暇管我，我覺得很是孤單落寞。那次，我一個人在外面玩，走到一個街道的轉角處時，突然發現一個老人在擺地攤。我湊上去觀看，卻看到地攤上躺著幾本小人書，這讓我眼睛一亮。我用手摸了下口袋，還好，母親給我的零用錢還沒花呢！於是我毫不猶豫地買下了一本《西遊記》，我一頁一頁仔細地翻看著，那精采的畫面，讓我愛不釋手。從那以後，我便把父母給我的零用錢存起來，換成一本本的小人書。雖然那時候我尚不認識幾個字，但我卻從各種連環畫上，讀出了那些英雄人物的善良、機智和勇敢。每次讀完一本「小人書」，一種無法言表的激動和興奮就會從我的心底油然而生，我的靈魂也會被書中的人物深深地震撼。可以說，這些「小人書」，讓我孤單的童年尋到了良師益友，讓我乾涸的心靈得到了滋養，也讓我晦暗的心畫上了明亮溫暖的底色。

上學後，我越發喜歡上了讀書。尤其中學後，我開始喜歡上了讀名家書籍——讀法國著名作家大仲馬的《基督山恩仇記》，讓我明白了人類所有的智慧都包含在這幾個字裡——等待和希望。讀雨果的《悲慘世界》，讓我知道如何珍惜今天的幸福生活；讀《三毛作品》，讓我感受了在生命的每一次旅途中，如何去愛和感恩；讀《林徽因傳》一書，讓我懂得了一個女子該樹立怎樣的浪漫、優雅、敬業、高貴的品格。讀書，讓我在十幾年忙碌的學習中得到了放鬆。

幾年前，一場大病毫無徵兆地向我襲來，剎那間，我的世界彷彿坍塌。我整日以淚洗面，抱怨世事不公。心情的低落加上病痛的折磨，壓抑在我心中的悲傷最後化成了恐懼：「我可能要死了？」無論醫生怎樣解釋，無論親朋好友怎樣勸導，都無法安撫我那顆絕望的心。這時候，一位文友來醫院探望我時，送給我一本書，說：「讀一讀杏林子的《生之歌》吧。」杏林子，就是讓人印象深刻的筆名深深地吸引了我，於是，我開始在病床上細細品讀杏林子的《生之歌》。這是一部用生命書寫的篇章，書中自然流暢的敘述透露著令人沉思的哲理，透露著一種不屈的精神和向上的力量。雖然杏林子的身體被命運之手永遠地摁在了輪椅上，但杏林子的精神卻站在了一個令人矚目的高度。當我迫不及待地讀完此書時，心中豁然開朗。我對自己的生命有了一次重新的審視，我的臉上綻放出久違的笑容。

儘管我的人生有諸多不盡人意之處，甚至令我措手不及。然而是讀書彌補了我人生的種種失意和缺憾，也是讀書讓我枯竭的人生，從此變得美麗而豐盈。

來生，做一棵不離不棄的樹

其實在我們每個人的心中都生長著一棵樹，它高大、挺拔、偉岸，牢牢地扎根在我們記憶的深處，它伴隨著我們成長，更賦予了我們每個人不同的人生含義。

小時候，家裡的小院子種著一棵楊柳樹，每到夏天，一家人便圍坐在這棵小樹下吃飯、聊天、玩耍、嬉戲，這棵小楊樹一直伴隨著我們生活，它帶給了我們無窮的樂趣。更多的時候，我們姐弟幾人圍坐在奶奶的身旁，聽奶奶講老掉牙的故事。記得有一次，我像個男孩似的爬上了小樹，回頭往下看時不小心摔了下來，聞訊趕來的奶奶嚇得跌坐在一邊，不住地問我，「傷到了哪裡？」我含著淚說：「腿，我的腿可能不能走路了。」於是，奶奶二話不說，背起我邁開小腳，往醫院的方向飛奔而去……現在，奶奶和小樹早已離開了我們，但奶奶和那棵樹卻永遠留在我的記憶裡。

想必大多數女士都喜歡韓劇。韓國電視連續劇《藍色生死戀》是一部超越生死、命運、讓人感到無比心痛的愛情故事。鏡頭回放到若干年前，調皮的俊熙在醫院裡不慎將自己剛剛出生的妹妹與恩熙的掛牌掛錯了。十幾年後，命運弄人，在一場車禍中，恩熙知道了自己的身世，在離開那個養育她的家以後，有一場最經典的臺詞，俊熙問恩熙：「下一輩子妳要做什麼？」恩熙回答：「下輩子我要做一棵樹，因為樹是不會移動的，這樣我就不會和我的家人分開了。」是的，如果恩熙是一棵樹，她就不會離開養她愛她的父母，就不會離開他親密無間從小一起長大的哥哥了。

曾經聽過這樣一個故事。一九六〇年的一天突然下起了大雨，持續的降雨，使洪水氾濫成災，頃刻間就淹沒了一個小村子，很多人在這場災難裡喪生。其中有一戶人家，在洪水威脅著他們的生命時，求生的欲望使他們看到了院子裡那棵高大挺拔的老槐樹。於是，他們拚命爬上那棵樹，等到洪水退卻。後來這棵老槐樹便成為象徵著生命力的一棵樹。

一棵樹平淡無奇，沒有花兒般的妖豔，也沒有花兒般的馨香。然而，它用沉默與孤獨換來生命蓬勃；它植根於院落間，用緘默與深沉換來綠蔭，使焦躁中的人們平靜。

如果有來生，我願意做一棵樹，雕刻出歲月的痕跡。

來生啊我要做一棵樹，做一棵不離不棄的樹，做一棵有感情有靈性的樹。

幸福需要參照物

常聽身邊有人問：「你幸福嗎?」那麼，幸福到底是什麼?恐怕每個人對於「幸福」都有著自己不同的理解。而我想說，幸福其實就是一種自我感覺，幸福與否，不在於你擁有多少榮華富貴，而在於你所選取的參照標準。

記得曾經有一段時間，中學同學搬了新居，通知我們這些曾經很要好的同學去家慶祝。我當時就知道她生活得很不錯，她有安穩的工作和豐厚的收入。當我踏入她家的門時，我還是驚了一下，四十八坪的房子裝修得富麗堂皇又溫馨無比。後來聽同學講，光是裝修就花了她一百多萬元。那時我的心理嚴重不平衡了，想我們同窗幾年，她的成績並沒有我的好，憑什麼她現在就該比我過得強。這之後，我一直在抱怨自己命運不濟、老天不公。

一個週末，我和朋友們到野外爬山，走到半山腰時，看到一處低矮的房子，房前用籬笆圍成了一個小院子。我不禁問領隊，這裡還住著人家?領隊說，當然，那裡住著一對老夫妻呢。我繼續問，那樣簡陋的房子也能住人？領隊說，當然可以，他們在這裡生活了一輩子。說完，領隊便帶領我們向那處房子走去。等靠近那房子時，還沒等我們叫門，房子裡走出了一個七十多歲的老爺爺，他看起來精神不錯，看起來身板也挺硬朗，一看到我們來，便開心地說：「快進屋來喝點水歇歇腳。」

進到屋裡我才看到，屋子裡就一張雙人床、一個舊式立櫃、一張桌椅和一臺破舊的電視機。我不能想像他們怎麼可以在這樣簡陋的房子裡生活一輩子？於是，我忍不住問爺爺，你們的生活一定很悽苦吧？爺爺卻笑著說：「才不呢！雖說這座山上原來也散落著幾戶人家，現在都陸續搬走了，可是，你們看，我們房前房後種的糧食和菜，足夠我們吃的了，而且這裡有山、有水，有新鮮的空氣，還有你們來做客，不知道我們有多幸福呢！」

聽了爺爺的話，讓我突然間有所感悟，想著自己擁有三十坪的房子，雖然沒有華麗的裝修，但和大爺的小房子相比，我卻是那麼的「奢侈」，他們尚能感到幸福，而我又怎麼能抱怨不幸福呢？

也曾記得，有一次天已經很晚了，兒子還沒有回家。我急忙到大街上去找兒子，一邊找一邊不由得冒火，心裡想：這孩子，真是越來越貪玩了。想當初，要不是因為貪玩，也不至於考一個三流的大學，到現在大學畢業後，連個正式的工作都不好找。而我們公司的張姐，他的兒子從小乖巧懂事，讀書也上心，自然考了一個理想的大學，這不，大學畢業後，便留在了臺北一家銀行工作，月薪五萬多起跳！每每想起李姐的孩子，我就會抱怨自己沒有一個值得驕傲的兒子。

就這樣，一路上我一邊想著煩心事，一邊想著兒子很可能要去的地方，恍惚間我又想起了公司同事小李，她的兒子今年才剛剛九歲，卻患上了白血病，在花光了家裡所有的積蓄後，小李的孩子還是走了。如今，小李還能到哪裡去尋找自己的兒子？那一刻，和小李相比，我覺得自己是如此的幸福，因為我的兒子如此健康快樂。

的確，幸福需要一個參照物。當你把自己的處境和更幸福的人相比時，你或許會感到沮喪；而當你把自己的處境和不及你的人相比，你就會感到很幸福。所以，選好一個幸福的參照物，你才會永遠感到幸福、滿足。

綻放在身邊的「女人花」

女人，用自己的美麗裝點了世界，讓這個充滿生機的世界更加色彩斑斕。而工作在各行各業的女人們，她們就像綻放在我們身邊的花兒一樣，從容淡定地在各個職位上釋放著生命的光華。

那是一個傍晚，已經快到下班的時間了，卻突然接到公司總部的電話，說一個客戶急需一批服裝。對工作認真的她不敢有一絲的怠慢，連忙召集女工召開緊急會議傳達公司的任務，並為大家安排了第二天的工作。等女工走後，為了第二天工作的順利進行，她跟以往一樣坐在縫紉機前準備先做一套模範衣服，一直忙到晚上十點多她才做好。可是，這時，夜已經很深了，路上的行人已漸漸稀少，她突然想起了曾答應女兒今晚一定早點回家，便急急忙忙地往家趕。突然，一個喝多了酒的人駕著一輛機車迎面撞向她，她來不及躲閃便被撞倒在地。由於撞擊猛烈，她的右腿有點輕微骨折。就這樣她還始終惦記著工作。打上石膏的她，在第二天依然不顧一切地來到了工作崗位上。

她，只是一個普通的縫紉女工班長。

記得有一次，一位客戶因手機突然不能撥打電話前來營業廳投訴，一進門就滿口髒話。面對怒氣沖沖的客戶，她只有微笑面對。先請客戶坐下，並耐心聆聽客戶的投訴，然後細心檢查客戶的手機和 SIM 卡，這才發現，原來是客戶的門號因為欠費而被停用。在她耐心地向客戶解釋後，客戶開始為自己粗魯而慚愧，連聲說著「對不起！」並真誠地為自己的行為道歉：「剛才我對你們實在是太凶了，真的不好意思。而妳對我這樣的態度還熱情接待、耐心解釋，妳的服務態度真好！」還有一次，晚上下班後，她剛從營業廳裡出來，門口來了一位叫車來的客戶，說有急事手機已欠費停機，需要馬上繳費。她想到因為代理商可以用手機隨手儲值，所以她趕緊聯繫代理商，先幫客戶繳費，以解對方燃眉之急，這讓客戶感到非常的滿意。

她，只不過是一名普通的營業員。

那天，我去飯店參加一個朋友的婚禮，走在大街上時，看到身邊一個環衛女工正在一絲不苟地掃地。突然，一輛白色的轎車從前面呼嘯而來，就在汽車經過我們身旁時，車窗開了，一個油頭滑面的男人從車窗裡隨手扔出一個香蕉皮，看到這一幕，我憤恨極了，且不說影響環境，要是有人摔倒了怎麼辦？正在我苦思冥想之時，突然，身邊的那個環衛女工二話不說，抄起掃把，便將香蕉皮收進畚箕裡，然後倒進了路旁的垃圾車上。或許，在這個環衛女工的眼裡，掃地只是她的本分，但在我的心裡，那個油頭滑面的男人變成了小人，而這個環衛女工的形象瞬間高大無比。

不錯，她，帶走的是灰塵、是垃圾，留下的是潔淨、是形象。這就是一位普通環衛女工的真實寫照。

愛爾蘭著名作家蕭伯納曾說過這樣一段話：「我的生命屬於整個社會；在我有生之年，盡我力所能及為整個社會工作，這是我的殊榮。」而這些工作在不同職位的普通女工，雖然她們沒有高深的文化，但蕭伯納的人生格言又何嘗不是她們人生的信條。

她們的確沒有驚天動地的業績，也沒有世人皆知的榮譽，但她們卻在平凡的職位上，靜靜地付出，默默地奉獻，如人間花朵，在和煦的微風中靜靜地綻放。

靜靜地等待花開

對於我們這些做家長的人來說，兒女的每一次成長過程都是花開。從出生到牙牙學語，從學會走路到上小學，再到國中和高中。當然，這期間，也需要我們這些做家長的精心修剪和澆灌。

記得兒子背著書包上小學時，內心喜悅得如一朵花開。那時，兒子每天放學後，總是第一時間向我匯報在學校學了什麼，而且老師安排的作業總是認真完成，看到兒子那麼好學，我的內心也充滿了喜悅。然而，沒多久兒子便厭煩了，問其原因，原來是兒子在課堂上次答老師的提問時，由於沒有理解題目的含義而回答錯了，因此招來了班上同學的譁笑，所以便對學習失去了信心。找到了兒子的糾結點後，我認真對兒子說：「任誰也會遇到不懂的問題，不懂就要認真學，等你學好了，考了班上的前幾名，別人羨慕你還來不及呢，自然也不會笑話你了。」可能是兒子覺得我的話有道理吧，從此以後兒子又對讀書有了興趣，而且每次考試都是班上的前幾名。

也曾記得兒子剛上國中時，由於離家較遠而辦理了住校，看著兒子一天天長成大男孩，而且成績也不錯，我感到很欣慰。然而，沒想到的是，一學期下來，兒子的成績逐步下滑，後來經過觀察和了解，發現兒子利用住校和回家的空檔，居然偷偷去網咖以至於迷上了線上遊戲。發現兒子的這一祕密後，我並沒有當面責罵兒子，只是平靜地對兒子說：「愛玩之心，人皆有之，愛玩會玩說明你是個腦子很健全的人，如果一個腦子很健全的人卻無法駕馭課業，別人又會怎樣看待你呢？」兒子聽後很慚愧，這之後，兒子讀書更用功了，但偶爾也會玩玩線上遊戲，只是不再迷戀了，從此兒子的課業又步入了正軌。

那年，兒子就要面臨學測了，我也和所有的父母一樣，有一顆「望子成龍」的心。學測之前的那段時間，兒子每天晚上都能自覺讀書到很晚，可是幾次模擬考試，兒子的成績卻不理想，一次，兒子對我說：「媽，如果我考不好，妳是不是覺得很沒面子？」我在心裡一怔，兒子怎麼會有這個想法，看來兒子的心理負擔很重，為了替兒子減壓，我疼愛地對兒子說：「考不好你也依然是我的驕傲，因為你已經盡力了，再說將來無論做什麼，三百六十行，行行出狀元，也不一定非要讀書好，才能成為國家的棟梁啊！所以無論你考得結果如何，對我來說，都是一次美麗的綻放，媽媽會用心地等待花開。」兒子聽完我的話欣然地笑了。

一花一世界，一葉一菩提。當花兒積蓄了能量，絲絲吐出花蕊；當葉兒鼓足了勇氣，慢慢地舒展身軀，我分明聽到一個驕傲的聲音：我要綻放。是的，孩子們的每一次成長都如花兒一般靜靜地綻放。那麼，就讓我們一起靜靜地等待花開。

總有一些花，為你燦爛地開過春天

週末，期待了好久的我們，終於決定結伴出遊，去赴一場春天的盛宴。

路途並不遙遠，大約半小時後，我們便徒步來到了波光粼粼的河畔。清清的河水繞著太行一路向東蜿蜒，看河水裡不時有小魚兒游來游去，忍不住掬一捧清涼的河水，讓它慢慢從手心滑落……踏著窄窄的石板橋從河面上穿行而過，我們一路邁向目的地。

春天，正是草長鶯飛、山花爛漫的時節，遊走在清幽而崎嶇的山路上，滿眼的鮮花頓時迷醉了我們的雙眼。那些肆意開放的山花，好像生來就與我們有一個爛漫的豔遇，它們或紅，或黃，或粉，或紫，美麗嬌豔、五彩繽紛，就像一個個美麗的少婦，散發著無拘無束的浪漫氣息。

春天是一個百花齊放的季節。尤其是氤氳繚繞的花香，甘甜淡雅，沁人心脾。凝神細看，那漫山遍野的迎春花紅的似火、黃的如金、粉的似霞，與那一叢叢，一簇簇的山茶花、紫荊花和棣棠花交織在一起，真是山花爛漫、姹紫嫣紅，分外絢麗。

在一個殿堂前，一大片人工栽培的玉蘭花吸引了我們。那些怒放的玉蘭花，花朵碩大、清香誘人、純淨如玉、高貴典雅。據悉，中國古代一些讀書人，都會在堂前栽種一些玉蘭花，廳堂叫做白玉堂，用作招待尊貴客人之用。想必，我們就是那白玉堂前尊貴的客人吧！

走近美麗的海棠，在幾棵楊柳的相伴下，這裡花紅柳綠，春色蕩漾，真可謂「柳色初深燕子歸，猩紅千點海棠開」。尤其那一抹抹的胭脂紅，美得讓人心動，香得使人心醉。陶醉在這鳥語花香的氛圍裡，就像給忙碌的心安置了歇息的地方。

「人間四月芳菲盡，山寺桃花始盛開。」桃花正豔，一朵朵桃花淺施粉黛、美麗妖嬈、粉錦紅緞、燦若雲霞。那一樹樹恣意開放的桃花和夾雜在桃花中雪白的梨花相得益彰，真是美不勝收。

漫步在漫山遍野的花叢中，一群天真可愛的孩子身著豔麗的服裝，在花叢裡來回穿梭，只聽一個小女孩銀鈴般的聲音喊：「快看，那朵花多美啊！」另一個小女孩則小聲說：「噓！這裡有幾隻蝴蝶採蜜呢，別吵到牠們了。」看著這幾個面若桃花的小女孩在花叢中歡快地微笑著，我們恍若看到了一幅「待到山花爛漫時，她在叢中笑」的畫面。

遊走在春天的懷抱，儘管沒有巍峨高山，沒有龍潭飛瀑，在這春意盎然的時日，我們仍能盡情地在這山水之間，去尋春天的靜好，去覓花團錦簇，去融入大自然，去聽花開有聲，去賞玉蝶狂舞，去呼吸清新的空氣。

「勝日尋芳泗水濱，無邊光景一時新。等閒識得東風面，萬紫千紅總是春。」是的，總有一些花，為你燦爛地開過春天，讓你在春天裡與它們相遇。那些潔白如雪的梨花、粉嘟嘟的桃花、紅如血的杜鵑花、黃如緞的棣棠花，還有那杏花、李花、紫藤花……它們就像是一個色彩斑斕的春之夢，寄託了人們對生活的美好願望。

一樹一樹桃花開

陽春三月，一樹樹的桃花競相開放。漫山遍野，溝溝坡坡，朵朵燦爛，枝枝奪目，千樹妍喧，噴火蒸霞，那景色真可謂「桃花溪流共爭妍，奼紫嫣紅競相呈」。

桃花自古以來就是文人墨客歌詠抒懷的對象。晉代大詩人陶淵明在〈桃花源記〉中寫到「忽逢桃花林，夾岸數百步，中無雜樹，芳草鮮美，落英繽紛。」為我們描繪出一幅迷人的世外桃源。唐朝詩人杜甫則寫道：「黃師塔前江水東，春光懶睏倚微風。桃花一簇開無主，可愛深紅愛淺紅。」為我們寫盡了桃花之豔麗。「桃之夭夭，灼灼其華」，可謂《詩經》中詠桃的名句。

桃花也是中國傳統的園林花木，其樹態優美，枝幹扶疏，花朵豐腴，嬌豔動人。它的花色有白、粉紅、紅色等，而我則固執地認為桃花只是粉紅色的。桃花的形狀有重瓣或半重瓣，花期在三月。

三月的氣候就是這樣溫潤而清麗，桃花選擇了這樣的季節開放，又使多少人為此痴為此醉為此狂。尋找一眼望不到邊際的桃花，會使你彷彿置身於粉紅色的海洋。

或許桃花是粉紅色的緣故吧！不知從什麼時候開始，提起「桃花」兩個字，便給人一種曖昧的味道，於是，多少人寫盡了桃花的風流。其實，我知道，桃花只是太豔麗、太出眾、太耀眼，所以在讚美它的同時也遭到了一些人的非議。

一直好喜歡桃花，喜歡她燦爛如霞，桃瓣如胭如脂如玉。有時固執地總感覺桃花就像一位嬌媚的女子，雖然她美麗多姿，但她卻沒有那種倨傲自矜的矯揉造作，她展示給人的始終是熱情和矜持；而我喜歡桃花的另一個緣由卻是，我恰逢出生在那桃花盛開的季節。聽母親講，小時候天真爛漫的我，就特別喜歡簇擁著同樣天真爛漫的桃花，那圖景想必真是「人面桃花相映紅」啊！

於是，每年春天，當桃花盛開的時候，我都會迷醉在桃花園裡，或玩耍，或嬉戲，或讀書，或寫字，或凝望，或沉思……有春風輕輕吹過，粉紅色的花瓣便搖曳著舞姿飄落在我的髮梢、我的裙襬、我的書本裡。於是，整個春天，便有了一樹樹的花事……

「滿樹和嬌爛漫紅，萬枝丹彩灼春融。」桃花自有桃花的情懷，她用她的綻放講述著她一生的轟轟烈烈，又用無聲地飄落義無反顧地訴說著她的雋永。突然間，又有陣陣清風襲來，零落的花瓣飄進我的懷中，揮舞衣袖，竟拂起一陣暗香……

槐花飄香的季節

總是在不經意間，簡約、素淨、典雅而香甜的槐花像玉墜般已掛滿了樹枝。如今又到了槐花飄香的時候，這不由得勾起了我對槐花許多難忘的回憶。

小時候，我們家住在家屬房裡，房前房後都栽滿了或粗或細的槐樹。每到夏天，樹上便開滿了一串串的白色小花，香味撲鼻。這時，我總愛貪婪地用鼻子使勁嗅那槐花的味道，奶奶就在一旁笑著說：「小饞貓，又想吃奶奶做的槐花飯了吧！」

採摘槐花，那可不是一件容易的事，首先得有必備的工具。於是，找來長長的竹竿，再綁上用鐵絲彎好的鉤子，拎著袋子，和同伴們一起來到槐樹下。「一樹珍珠一樹銀，清香漫漫塑花魂。含情串串隨君去，碧葉青枝招手頻。」看著一簇簇、一串串的槐花，男孩子已經動作麻利地爬到了樹上開始採摘，近處的槐花伸手可得，遠處的，竹竿可就派上了用場。只見一個男孩子，鉤住一枝槐花或左或右地搖來搖去，不一會兒，這枝槐花便從空中飛舞下來。女孩子則從地上撿起樹枝，把一嘟嚕一嘟嚕的槐花捋進袋子裡，直到把幾個袋子都裝得滿滿的，才肯罷休。

這時，禁不住槐花的誘惑，已有幾個孩子開始生吃槐花了。不知是誰惡作劇，說了一句「生吃槐花有毒」，嚇得膽小的孩子再也不敢吃了。望著這沁香撲鼻的槐花，我可管不了那麼多，偷偷地放進嘴裡幾片，甜甜嫩嫩的，哪裡有什麼毒？趕緊把槐花帶回家，讓奶奶洗乾淨，再加上白麵和玉米麵，用筷子攪和在一起，然後放進鍋裡，蒸出來的便是鬆軟可口的槐花飯了。盛一碗槐花飯，加上我早已準備好的蒜泥醋，那味道至今讓你想起來都會垂涎欲滴。

隨著都市更新，一些小平房早已換成了寬敞明亮的大樓，或許是槐樹長得不太規則的原因吧，那些槐花樹也被砍伐光了。在城市裡，我們很少再看到槐花樹了，取而代之的則是那些名貴的法國梧桐。所以，想吃槐花飯已然成為很困難的事。

那年，我在奶奶面前流露出想吃槐花飯的願望，早已年邁的奶奶聽在耳裡，卻記在了心上，居然不動聲色地邁著蹣跚的小腳，來到鄉下的親戚家，讓親戚家的孩子為我採摘了一袋槐花，吃著奶奶為我做好的香噴噴的槐花飯，看著奶奶紅腫的小腳，我抱著奶奶哭了。

轉眼，又到了槐花飄香的季節，我託人採摘了些槐花，想給奶奶一個驚喜，決定親手做一回槐花飯給奶奶吃。我怎麼也不會想到，就在那一天，我突然接到電話，說奶奶病了，腦溢血，已經進了急救室。這怎麼可能呢？奶奶身體一向都很硬朗，雖然她已是八十多歲的高齡了，可是仍然每天堅持鍛鍊身體，怎麼一下子就病了呢？當我急忙趕到醫院，奶奶卻因搶救無效而永遠離開了我們。望著奶奶慈祥而安睡的臉，我把槐花輕輕灑在奶奶身上，不禁失聲痛哭。

於是，每到槐花飄香的季節，我的思念也如那飛揚的槐花，被風吹得很遠、很遠……那漫天飛舞的槐花，氤氳著所有昨日的美好。如奶奶的笑臉，永遠在回憶裡溫暖蕩漾。

梧桐花開

早晨，隔著陽臺的玻璃望出去，看到社區院子裡的幾棵梧桐樹全開花了，深深淺淺的紫，一串串，一簇簇地瀰漫著，就像一個個倒掛的風鈴，以一種炫目的姿態招搖著。

也許是因了「栽下梧桐樹，引來金鳳凰」的美好願望吧！小時候，最喜歡去外婆家，因為外婆家所在的村落裡到處栽滿了梧桐樹，那一樹樹的花，那濃濃的香氣，曾為我的童年生活帶了無盡的歡樂。

「人間四月芳菲盡，農家梧桐始放開。」那時，每當花開的季節，我和村裡的孩子們就在梧桐樹下玩耍，在欣賞著梧桐花的美麗時，也期待著梧桐花快快落下，一天兩天三天……終於等到梧桐花期成熟的時候，隨著一陣清風輕輕吹過，一朵朵鮮豔的梧桐花便紛紛落下。那景觀，就像是一場美麗的花瓣雨，瞬間淹沒了村落裡每一個角落，讓我們小小的心靈充滿了歡愉。於是，撿起一朵朵像喇叭一樣的梧桐花放在嘴邊開始吹吹打打，更有幾個頑皮的孩子扮作新郎新娘的樣子，然後人早已開心地笑成了水波。

吃桐花，恐怕是件最快樂的事情了。在那個平時連糖果都很少吃到的年代，撿起一朵鮮豔的梧桐花，摘掉後端的花蒂，然後貪婪地吸吮著花蕊裡的花蜜，甜甜的，簡直沁人心脾。等到吃夠了梧桐花，就開始把花兒串成一個個花環，戴在頭上、脖子上，然後比賽看誰的花環編織得最好看，自然分不出勝負，因為每個人的花環都是一樣的芬芳美麗。

外婆家所在的村莊，似乎最適合梧桐樹生長，無論你把它栽在哪裡它都一樣成活，而且用不了幾年就能長成參天大樹。我一直覺得那些梧桐樹像極了村落裡的那些漢子，無論風吹雨打，無論艱難困苦，都是那樣的高大挺拔，頂天立地。而那些梧桐花恰似村落裡的女子，依附在梧桐樹的懷抱，雖沒有桃花的嬌豔多姿，沒有梨花的高貴典雅，卻也楚楚動人，美麗安逸。

行走在唐詩宋詞裡，李清照的「梧桐更兼細雨，到黃昏，點點滴滴」；劉瀚的「睡起秋色無覓處，滿階梧桐月明中」；李煜的「無言獨上西樓，月如鉤，寂寞梧桐深院鎖清秋」；周紫芝的「梧桐葉上三更雨，葉葉聲聲是別離」；白居易的「寒月沉沉洞房靜，真珠簾外梧桐影」……這些膾炙人口的詩句，更是對梧桐有著不同的闡釋。

不管梧桐花是不是文人筆下春天的愛物，也不管它是不是墨客離愁別惜的借喻，它都以自己的方式兀自怒放著。而梧桐樹則以自己樸實的情懷，獨特的個性，向世人昭示著它的蓬勃生機和堅強不屈的氣質！

菊花幾度香

秋日的一天，晴空萬里，豔陽高照，我和朋友相約去公園觀賞菊花。我們來到公園門口，舉目望去，到處是一片花的海洋，紅的似火，粉的似霞，白的如雪，黃的似金，讓人看上去眼花撩亂，目不暇接。

伴著花香，我們邊走邊欣賞著，只見公園裡的菊花一叢叢、一簇簇、一朵朵地在溫暖的陽光下熱鬧而紛繁地開放著，或天姿靈秀，或儀態萬方，或晶瑩剔透，或清麗典雅。那些菊花品名繁多，如紅衣綠裳、風飄雪月、金光四射、新玉孔雀、玉堂金馬、芳溪秋雨、雪罩紅梅、汴梁綠翠等數不勝數。

沿著通道往前走，花廊裡的菊花更令人驚豔。細看這些菊花，有的花瓣又細又長，有的花瓣則又粗又短；有的花瓣彎彎曲曲，有的花瓣則伸展著四臂。菊花密密匝匝、層層疊疊、磊磊落落地擁擠在一起，嫵媚萬狀、芳香濃郁、豔麗無比，真是讓人心曠神怡。

越過花廊，走到菊展中央，有一個長五十公尺，寬十公尺的噴泉組合。隨著美妙的音樂響起，噴泉就像跳起了歡快的舞蹈，此起彼伏地不時噴湧出一股股清澈的水柱。這些水柱和周圍奼紫嫣紅的菊花交相輝映，形成美麗的奇觀。

公園的一隅，一個年輕女子在一盆碩大的菊花面前擺好了POSE；公園的另一側，幾個孩子站在了花叢中；而在我們身邊，一位老人臉上則笑成一朵菊花……隨著照相機開始「咔擦」的快門聲，這美好的時刻被記錄了下來。無論男女老少，每一個遊客的臉上，都寫滿了對菊花的喜愛。

喜歡菊花，喜歡它豔麗的色彩，嫵媚的神態，更喜歡菊花品性高潔、風骨堅貞、意趣豐厚的氣質。如果把牡丹花比喻成雍容華貴的婦人，那菊花則是一位清麗絕世的少女。

菊花，歷來就是詩人所吟詠的對象。「採菊東籬下，悠然見南山。」這是詩人陶淵明千年以來膾炙人口的名句，東籬的菊花亦帶著禪意的清幽氤氳馥郁了千年的歷史；詩人蘇軾的「輕肌弱骨散幽葩，更將金蕊泛流霞」，更是飽含激情地寫盡了菊花的溫柔秀美；而詩人岑參的「遙憐故園菊，應傍戰場開。」的句子，使賞心悅目的菊花，染上驚心動魄的感慨，表達了詩人對菊花的喜愛之情，更抒發了詩人對菊花的讚美之情。

菊花，還有很多奇特的功效呢！菊花可做：菊花酒、菊花粥、菊花糕，菊花枕等，最著名的當屬菊花茶了，用菊花泡茶，氣味芳香，可消暑、生津、祛風、潤喉、養目、解酒。所以人們愛它、贊它、欽佩它。

菊花幾度開放，在清香淡雅的氣韻中，不僅讓我們感受到了菊花的美麗，也讓我品到了菊花聖潔高雅的品格。

在聆聽中感受生命的交響

窗外又飄起了雨絲，輕輕地，柔柔的，無聲無息地滋潤著大地。站在窗戶旁，看雨絲在淡藍的窗外跳舞，那是一種美的享受。我喜歡下雨天，喜歡聆聽雨的呢喃……不知道為什麼？聆聽點點滴滴的雨水打溼這個世界，我的心就會有一種寧靜和清爽的感覺。

我喜歡下雨天，更喜歡在四季的一隅裡聽雨，在四季裡聆聽雨的聲音，會讓你體會雨在四季不同的感受。春日聽雨，就像一個柔美的聲音在輕輕地向我傾訴，纏纏綿綿，淅淅瀝瀝，翩然灑落在毛茸茸的枝條上，灑落在綠茵茵草地裡。夏日聽雨，彷彿在聽一首大自然的交響曲，四周洋溢著跌宕起伏的情緒，時而遲緩，時而急速，有大珠小珠落玉盤的景緻，又似千軍萬馬從廣闊草原奔騰而來奔馳而去的氣勢。秋日聽雨，則別有一番情趣，窗外，秋雨點點滴滴，絲絲縷縷，心情在雨的浸潤下油然生出一分惆悵，一份落寞，一份愁緒。冬日聽雨，雨水夾雜著陣陣寒意，卻能讓人感受到一份靜謐，彷彿獨自處於幽靜的山林，也有獨釣寒江雪的優雅，所有的浮躁都歸於平靜。

我喜歡下雨天，聆聽雨的呢喃，在雨天裡手執一卷。「細雨潤石階，憑窗靜讀書」，儘管雨滴一點一點地拍打著窗戶，窗內卻是我的自由天地。一邊捧讀一本好書，一杯香茶，思緒便在書香與茶香的相融相映裡馳騁，自己彷彿就是書中的主角，或喜或怒，或傷或悲，都是情不自禁。雨天讀書，實際上就是尋求內心的寧靜。身在紅塵，每日為生計奔波而身心勞頓，這樣的雨天，不必出去應酬，正好適合閉門讀書，或者對著窗外的綿綿細雨，輕輕吟誦詩人們關於雨中那些膾炙人口的「詩意畫」來：「黃梅時節家家雨，青草池塘處處蛙」、「隔窗聽夜雨，芭蕉先有聲」、「何當共剪西窗燭，卻話巴山夜雨時」。

小時候，我喜歡下雨天，喜歡聽雨的聲音，那感覺彷彿就像是在聆聽母親的呢喃。在雨裡，我會快活得像一條水中的魚，調皮地在水裡跳來跳去，全然不顧身上早已被雨水淋溼，這時候母親就會很無奈而又無限疼愛地對我說：「瘋丫頭，見雨就沒命了，小心感冒了。」說著，母親就會把我強行地抱進屋子裡，每當這時，我都會盡情地享受著「有媽的孩子像個寶」般的溫情。雨漸漸小了，我會摺一隻紙船放進水溝裡，然後順著紙船的方向快樂的跑啊跑啊……不知跑了多遠，也不知跑了多久，卻怎麼也跑不出母親愛的視線裡。當母親尋來的時候，才發現自己竟然忘記了吃飯的時間，忘記了回家的路。因為雨天裡母親不用再出去做工，而我則可以賴在母親的懷抱裡纏著母親跟我講故事。母親就會對我講牛郎織女，嫦娥奔月的故事。故事是那樣的悽美、婉轉、動聽，每次聽著聽著我就會陶醉在那動人的故事裡。

窗外，雨絲還在細細密密、清清爽爽地下著。聆聽雨的呢喃，我聽到了四季雨的心聲、雨的浪漫、雨的溫情、雨的詩情畫意！

聆聽雨的呢喃，那是生命的交響樂。

那一襲輕柔的溫暖

北風漸緊，寒氣凝重，冬天又如約而至了。那五彩繽紛、生動靚麗的羽絨服也便悄然登場了。在一個個匆忙上班的早晨，在公車上看車窗外如織如潮的人流，看那些五顏六色五彩繽紛的羽絨服，在一片雪白與灰暗的色彩中是那樣鮮豔燦爛，彷彿一朵朵空中漂浮的彩雲逶迤而過，繼而開出溫暖的花朵，成為城市冬天裡一道最美麗的風景線。

記得小時候，我們都還穿著那些手工做的厚重、呆板的棉衣，到了一九八〇年代才換上了舒適、輕捷、美觀而保暖的羽絨服。光陰流轉，不知不覺，羽絨服已成為人們生活中不可或缺的冬季服飾。

我至今清楚地記得我的第一件羽絨服的來歷，那是一九八〇年代中期的冬天，學校裡的同學幾乎都開始穿羽絨服了，看著那些蓬鬆輕盈、光滑鮮亮的羽絨服，每天在我面前晃來晃去的，那種掩飾不住的美麗與時尚，讓一顆青春年少的心充滿了無比的豔羨和嚮往。

可是我知道家中清貧，父母微薄的薪資撫養老人和我們眾多的兒女，平常生活已是捉襟見肘，哪還能有餘錢為我買一件羽絨服呢？我不敢對母親說，只能在心裡夢想有一天自己能穿上漂亮的羽絨服。

永遠也不會忘記那天，母親說要送我一件禮物，我想來想去也想不出母親會送我什麼？一本書？一個鉛筆盒？或一個新書包？當母親把一件粉色的漂亮羽絨服放在我面前的時候，我一下子就驚呆了，這不是我盼望已久、心心念念的羽絨服嗎？手捧著這件羽絨服，我激動萬分，趕緊把它穿在身上，對著鏡子照了一遍又一遍，突然間就覺得自己有些眉目顧盼、風姿綽約起來。

從此，羽絨服成了我的最愛。開始工作後，我開始陸續替自己添置羽絨服，款式從長到短，顏色從紅到黃，從綠到藍，面料也開始從次等到上乘……在我的衣櫥裡，儼然成了羽絨服的陳列櫃。哪怕後來經濟條件好了，有能力去買雍容華貴的皮草或者能托出曼妙身形的羊絨，我也依然只買羽絨服。雖然有的羽絨服我至今沒有穿過一次，我這樣在別人看來有些病態的購買，其實只是因為我對羽絨服有著深深的痴迷。

愛美的女人中有人喜歡旗袍、有人喜歡裙子，而我偏偏喜歡羽絨服。喜歡它的柔媚，喜歡它的輕盈，喜歡它的曼妙，喜歡它的飄逸，更喜歡它的溫暖。老人穿上它舒坦、男人穿上它帥氣、女人穿上它漂亮、小孩穿上它靈便。從它誕生之日起，羽絨服就以它的物美價廉、保暖禦寒受到最廣泛人群的歡迎。它樸素中張揚著豔麗，簡潔中充盈著溫暖。每當穿上心愛的羽絨服，便頓覺一襲輕柔的溫暖。

翻檢服裝的歷史，雖然在近代羽絨服才開始風靡，可用羽毛製衣的歷史卻可以追溯到很遠。還是在遠古的周代，人們就已經開始用鳥獸的毛羽製成羽衣禦寒。到了漢代，人們用犛牛毛做衣服絮料，唐代又用鵝的毛絨做衣被絮料，唐朝那著名的「霓裳羽衣舞」便是風華絕代的楊貴妃穿著驚豔的霓裳羽衣，羽毛飄飄，恍若仙子，驚倒了盛世皇帝李隆基。《紅樓夢》第四十九回「琉璃世界白雪紅梅」，那些美麗女子在雪中穿的盡是「大紅猩猩氈與羽毛緞斗篷」，這也是當時最時尚華麗的「羽絨服」吧？

從粗陋到精緻，從臃腫走向輕薄；從單調走向多彩；從單純的保暖禦寒走向時尚健康，羽絨服以它特有的保暖、輕柔、蓬鬆，而且綠色純天然等優點，贏得了人們長久不衰的喜愛。

穿上心愛的羽絨服，漫長的歲月因此不再寒冷，單調的世界從此變得更加生動。
這是寂寞冬天裡最靚麗的風景，這是寒冷冬日裡最溫暖的情懷。

第六章

人性深處的正能量，是行動力的根本

行動力的本質內涵

生活中，無論遇到怎樣的境遇，都會經常聽到「行動力」一詞，都要求人們有很強的行動力，當然，行動力強的人自然會做出不凡的成績。

行動力是以求實、奉獻、不滿足、有膽識等特點，在行動中具體展現自己特有的耐力，激勵自己努力上進，促進自己學習和掌握新的知識、本領，累積小的創造和成功，從而造就對國家、對人民都有用的人才。

如何增強自己的行動力？首先，要擺正自己的心態。行動力是一項非常有益的能力，無論是對別人還是自己，我們都要主動地去培養這項能力，而不僅僅是為了他人要求而去刻意地行動。所以，用心去提升自己的行動力非常重要。但在完成每一件重要的事情後需要給自己一個回饋，無論這件事完成得怎麼樣，需要讓自己知道這件事完成的效果，以及可以改進的地方。

行動力不是聽話辦事，而是要保質保量地完成工作目標，所以，在完成一項任務之前要先分析，在開始一件事情後一定要堅持。一般最困難的時刻就是頭幾天，這需要極大的努力和毅力，一旦堅持下來，想必一定會有一個很好的狀態。

我們每個人的時間都是有限的，你之所以無法認知這個世界，之所以混淆是非，或許是在有限的時間裡你只是渾渾噩噩地打發時日。在我看來，人性的善惡都是相對的，都有片面性，人的本質是社會實踐性，人為了生存必須相互交往團結，是故必須要有良知。

良知與人性，本就是世界上的兩大主題。任何違背良知與人性的事物，終將會引來理性的討伐，任何突破道德底線的事物，也必將引來良知與人性的考評。

一粒塵埃雖然微不足道，卻可以重重地壓在心上。心若蒙塵，比心上起繭還要可怕。若是心染塵埃，則會矇蔽了眼睛，於是世界在眼裡也是充滿陰暗。在無可奈何的境遇下，把良知與人性作為道德標準去丈量事物，便是最大的善良與理性。

擁有善和道義，一根小小的蠟燭可以照出整個天空；擁有善和道義，一片小小的綠葉可以帶來春天；擁有善和道義，一句小小的關懷可以代替千言萬語。而那些最令人感動的善，就像溫暖的陽光，照進了我們的心田。

良心是上帝的眼睛

這是在電視上看到的一則真人真事。一群人簇擁著一個六十多歲的老人一起來到了一間面積不大的包子店裡，不由分說，老人走到了包子店老闆面前深深鞠了一躬，並連聲說：「對不起，真對不起，給你造成了這麼大的損失。」說著，老人從口袋裡掏出幾張千元鈔票，鄭重交到店老闆的手裡。那麼，眼前的這一切到底是怎麼回事呢？

原來，這家臨街的包子店，雖然面積不大，但很久以來一直以包子個大、味道鮮美吸引著周邊的住戶，而老人也特別喜歡這家店裡的包子。那天，像往常一樣，老人買來了包子，坐在乾淨的桌子前開始津津有味地吃起來。忽然，有一個什麼東西在嘴裡硌了一下，老人急忙吐了出來，一看居然是一顆牙齒。這還了得？老人立刻火冒三丈，大聲責問著店老闆：「這是怎麼回事？」儘管店老闆一再宣告包子裡絕不可能會出現牙齒，但眼前的一切又做何解釋呢？很快包子店裡的包子吃出牙齒的消息就傳遍了。這下，再也沒有人敢來這家店裡買包子了。

然而，兩天後，老人在家吃飯時，感覺到自己的一顆假牙不見了。這一發現讓他突然想起，自己的假牙很有可能在那天吃包子時黏掉了，而自己當時卻渾然不知，白白冤枉了包子店老闆。想到這，老人果斷地做了向包子店老闆道歉的決定，於是，便出現了文章開頭的一幕。

當隨行的記者問起老人，是什麼讓你勇於站出來澄清此事時，老人說：「是良心，因為我不能讓自己的良心背負沉重的債務，不能讓這家包子店因為我的誤會而倒閉。」

也曾發生過這樣一件事情。那是一個陰雨綿綿的夜晚，他開車往回趕，儘管車裡放著輕快的音樂，可他還是睡意矇矓。突然，車劇烈地顛簸了一下，好像壓到了什麼東西，直到車開出去一百公尺之外，他才一下子清醒過來，這一清醒讓他嚇出了一身冷汗，因為他意識到自己可能撞人了。這時，他環顧了一下四周，到處都是黑漆漆的，沒有一個人影，但他還是把車倒了回去。果然，地上躺著一個人，他急忙跳下車，想也沒想就把傷者抱進了車裡，及時送到了附近的醫院。

被搶救過來的傷者，第一件事情想到的就是想尋找救命恩人，因為在他被撞倒的一剎那，他隱約看到肇事的車輛揚長而去，之後便失去了知覺。所以，要不是有好心人把他及時送進了醫院裡，說不定他早就沒命了。可是當他得知救他的不是別人，正是肇事司機時，他簡直不敢相信這是真的。養好傷後，他非但沒有指責司機，反而對肇事司機充滿了感激。他要求家裡人，除了醫藥費之外，絕不向肇事司機要任何費用。

當有人問起司機：「是什麼促使你又轉回來去救人了呢？」他說：「人在做，上帝在看，良心是上帝的眼睛，如果我就那樣走了，我會一輩子良心不安的，所以我不會選擇逃避。」

良心是上帝的眼睛。或許，冥冥中，上帝用他的眼睛時時刻刻窺視著我們每一個人，所以我們都要遵守道德的底線，做一個有良心的人。

最好的禮物

聖誕節前夕，家住美國休士頓的安德烈太太這幾天可忙壞了，她不僅要準備節前的各種美食，而且還要進行一次徹底的大掃除。

這天，安德烈太太一邊哼著歌曲，一邊打掃著兒子的房間。突然，她發現在兒子的床底下居然放著一個嶄新的鞋盒和一個簇新的塑膠包裝袋，這是怎麼回事呢？安德烈太太急忙喊來了安德烈先生詢問，可是，安德烈先生對此也是一無所知。帶著疑惑，他們一起小心翼翼地打開了鞋盒和包裝袋，這才看到，原來鞋盒裡是一雙四十二碼旅遊鞋，而包裝袋裡則包著一條灰色的圍巾。

怔了片刻，一旁的安德烈先生突然恍然大悟地說：「哦！我明白了，聖誕節快到了，這一定是兒子送我們的聖誕禮物。」安德烈先生的話音剛落，安德烈太太卻有點疑惑地說：「你的鞋碼是四十三號，兒子不會粗心到搞錯鞋碼吧？再說，我平時比較喜歡鮮亮一些的顏色，兒子不會這麼大意吧！」「哎呀，能有這份心給我們買禮物已經是難能可貴了，別忘了我們的兒子今年才剛剛十歲。」聽完安德烈先生的話，安德烈太太思忖了一會兒，說：「也是。不過，我還是有個疑問，就算兒子年齡小搞錯了鞋碼，忽略了圍巾的顏色，但他的錢是從哪裡來的呢？」說完，他們一起陷入了沉思。

原來，十歲的兒子比伯生活在一個普通工人的家庭裡，因從小就耳濡目染家庭生活的艱辛，深知父母的不易，所以，他從來都是乖巧懂事，除了上學，從不在外貪玩，而且從不亂花家裡的一分錢，因此，他一直是父母眼裡的好孩子。

可是，今年的聖誕前夕，比伯卻一反常態，經常早出晚歸。尤其老師來電話說，兒子居然遲到了好幾次，更有甚者，有人看到兒子放學不回家，到商場撿別人丟棄的易開罐。這些「不良」行為在以前是絕無僅有的，為此，他們還狠狠教訓了兒子一頓，安德烈先生甚至還出手打了兒子。

想到這，安德烈夫婦開始自責起來，「都是我們不好，錯怪了兒子」。不過，自責過後他們便是欣慰，沒想到兒子這麼小就懂得感恩父母，還有什麼比這更讓人津津樂道的事情呢？所以，從沒有這一刻讓他們如此期盼聖誕節的早日到來。

好在，聖誕節如期而至。早晨，安德烈夫婦就開始按捺不住激動的心情，靜靜地等待著兒子的禮物。大約九點鐘，兒子終於彎腰從床底下取出了鞋盒和圍巾，抱著禮物出了自己的房間。

看著兒子一步步走來，就在安德烈夫婦伸出雙手準備接受禮物的時候，突然，兒子一轉身抱著禮物飛也似的出了家門。

這讓安德烈夫婦不免有些錯愕，心裡也有些失落，禮物不是送給自己的，但那又是送給誰的呢？

比伯在前面一路歡快地小跑著，安德烈夫婦卻在後面悄悄地緊跟著，不一會兒便來到了離他們家不遠的一家超市。正值節日，超市前面人來人往、熙熙攘攘，比伯站在人群中抱著禮物四處張望著。

突然，一個流浪漢走進了他們的視野，可能因為天冷的緣故，只見這個流浪漢縮著脖子，衣服襤褸，頭髮蓬亂，尤其他腳上的那雙鞋子，張著嘴露出了黑黑的腳指頭，很是刺眼。這時，驚人的一幕發生了，只見比伯來到了流浪漢的面前，先將圍巾圍在流浪漢的脖子上，然後又彎腰幫他換上了那雙四十二碼旅遊鞋。流浪漢被這突如其來的聖誕禮物感動了，開心地在原地轉了好幾圈，儼然一副很滿足的樣子。

沒錯，就是這個流浪漢，上次他們一家三口去超市從流浪漢身邊經過時，比伯一直滿臉同情地盯著他看，直到比伯的母親用力拉了他一把，這才轉移了視線。而這個流浪漢正好比安德烈先生矮一些，所以鞋子應該也比他小一號吧。

看到這感人的一幕，安德烈夫婦的眼睛頓時溼潤了起來，雖然這個聖誕節他們沒有收到兒子的禮物，但此刻，兒子的善舉，讓他們突然覺得，這個聖誕節，他們收到了一份最好的禮物，那便是兒子一顆金子般善良的心。

一枚雞蛋換來百萬善款

墨爾本的三位青年，將一枚雞蛋為慈善機構換來百萬善款的故事，在網路上廣為流傳。為此，很多人感到不可思議！那麼，讓我們不妨一起走進他們。

那還是二〇〇八年的時候，在澳洲的墨爾本，一些愛心人士組織了一次赴非洲看望貧困兒童的活動。作為志工，墨爾本二十六歲的青年凱瑞和他二十四歲的好朋友俊楠、承恩，也一同報名前往。

雖然來非洲之前，凱瑞他們早就設想了種種貧窮的畫面，但眼前的一幕還是令他們感到震撼。到處是低矮的茅草屋、飢餓的人民，尤其那些骨瘦如柴的孩子深深刺痛了他們的雙眼。當他們問起那些孩子最大的夢想是什麼，孩子們的回答不是去上學，而只是希望能夠飽餐一頓時，面對那些可憐的孩子，他們的內心充滿了疼痛。臨別時，他們對那些孩子們說：「等著我們，我們一定會回來幫助你們的。」是的，他們多希望透過自己的行動，盡可能多的去資助那些孩子們，盡力的改變孩子們的生活。

可是，他們既不是富二代，也不是成功人士，他們只不過是幾個剛剛走向社會的青年，怎麼樣才能去改變孩子們的命運呢？三個人為此一直很煩惱。一天，凱瑞正在家裡上網，突然，一則報導不禁讓他眼睛一亮。原來，這篇報導寫的是：美國青年凱爾．麥克唐納（Kyle MacDonald）因長期資助孤寡老人，而買不起房子，便富有創意地想到原始人類的以物易物。從最初一枚迴紋針，到換回一枝魚形筆，再把筆換成小件藝術品……隨著物品的變化，麥克唐納透過網路，最終，他沒花一分錢，便換回一棟漂亮的雙層公寓！

就是這件事讓凱瑞深受啟發，既然美國青年可以用一枚紅色迴紋針換回一幢房子，而我們為何不用一枚雞蛋來進行「升值換物」？說不定我們也能換來百萬善款。想到這，凱瑞立刻打電話將這個創意告訴了另外兩個好友俊楠和承恩，兩個人聽後也是分外激動，於是，三個人一拍即合，立即在物品交換網站釋出了自己的商品廣告，然後等待買家與他們接洽。

廣告一經發出，立刻引來了許多人的圍觀。起初，人們只是看熱鬧，可是，當他們得知三個青年在為非洲兒童集善款時，很多人便開始踴躍參與。凱瑞他們先是從一個中學生的手裡換來一張廉價的CD，之後又從一位老伯的手裡換回一張棋盤，接著又從一位男士的手裡換回一輛老舊的豐田汽車，三個人將這輛汽車拉到了一個廢車場，賣了五百元。隨後，他們用這筆錢買了一把有爵士簽名的板球拍，這個拍子則換回了美國電影明星摩根．費里曼的簽名肖像照，而肖像照很快就變成了包往返機票去亞洲旅遊的機會。如此的「升值換物」，讓這枚只值四十分的雞蛋在十三次的交易過程中身價倍增，達到四萬元。

真是意想不到，三位好朋友的一個創意目標，卻產生了如此巨大的迴響，甚至連英國的億萬富翁理察．布蘭森爵士也為它所吸引。透過他的行銷團隊，凱瑞他們經過與布蘭森爵士的私人祕書聯絡，最終換取了一張維珍銀河機票。歷經幾百次的交易，凱瑞他們已經成功籌集了一百多萬元的善款。後來他們更是信守承諾，再次飛赴非洲，將善款平分給環保慈善機構、第三世界健康中心提供者和兒童貧困團體三家機構，最終完成他們美好的心願。

用小物品換來大回報，看起來像個傳奇故事。其實不然，說到底，如果沒有凱瑞他們的善舉做前提，也不會引來那麼多人的關注，更不會引來那麼多人的參與。社會本就是一個大家庭，我為人人，人人為我。我為人人，像一束火苗，因為有愛的浸潤，就會照亮「人人為我」的溫暖天堂。

每一個生命都值得用力去捍衛

在阿拉斯加北岸的冷水海域，生存著成千上萬的海象，牠們個個長得圓頭，大鼻子，短而闊的嘴巴，還有一對巨大的獠牙，尤其那雙小眼睛很容易被人忽視掉。

也許是因為眼睛小的緣故，海象的視覺能力很差，每天兩眼瞇得像缺乏活力的小老頭。牠們愛睡懶覺，一生中大多時間是在水裡睡覺，加之牠有著龐大的身體，厚而多皺的皮膚，所以，海象始終以蠢笨示人。

十九世紀，由於漁民對海象肆意捕殺，使牠幾乎慘遭滅頂之災。於是，動物學家曾經鄭重呼籲：保護海象，善待海象，請尊重牠們的生命！也許是害怕海象徹底消失，為了造福子孫後代，漁民們開始收斂起來，於是，近百年來，海象又呈現出一派昌盛的景象。

儘管捕獵海象早已被置於法律保護之下，然而，仍然有一些不良漁民，藉著夜幕，經常在阿拉斯加北岸的冷水海域出沒。

那天，天黑得像塊大幕布，偷獵者摩爾和他的表弟一起駕著小船駛到了阿拉斯加冷水海域中，很快便看到一頭海象正在海裡悠然地漫遊著，摩爾急忙將船駛近海象，這才發現這是一頭年幼的獸仔，全身黝黑，尚未長出獠牙，游水的速度也很慢。摩爾立刻想到要活捉牠，並決定把牠當成誘餌，因為他知道，海象雖然蠢笨，但牠們是極具「親情」的動物，每當有同類遇到危險時，別的海象聽到呼救後，就會不顧一切地前來救助，絕不會因自身的安全而離棄不顧。所以，摩爾斷定小海象會發出尖銳的叫聲，這樣就會會招來許多成年海象，到那時，只需發射魚鏢和扣動火槍扳機，就能得到大把大把的鈔票了。想到這，摩爾不禁有種勝利在望的喜悅。

於是，摩爾用力拉開了弓箭，瞄準小海象就射了出去，只聽一聲淒厲的慘叫，小海象頓時血流如注，染紅了一片小小的海域。正在遠處潛水的海象們，聽到小海象的尖叫聲，二十多頭海象迅速游了過來。望著已經被魚鏢和繩索牢牢控制住的小海象，眾海象們憤怒了，牠們嚎叫著，繞著小船的四周上下翻騰，並來回穿梭著，似乎想找到營救小海象的突破口，而此時的摩爾也在企圖尋找射殺成年海象的下手機會。

時間彷彿凝固了一般，就在海象的生命遭到威脅的時刻，奇蹟發生了，海象們一改往日的「蠢笨」，幾隻海象齊心協力出現在船尾一側，同時用長長的獠牙攀住船板，用足力氣掀動小船。看到海象費力打拚的樣子，摩爾嚇傻了，急忙舉起利斧向海象砍去，搏鬥中，小船雖然沒有被弄翻，可是他的表弟卻因失去重心落進了海裡。幾頭海象立刻把摩爾的表弟圍了起來，用尖硬的獠牙頂住了摩爾的表弟。眼看著表弟命懸一發，無奈之下，摩爾不得不向海象認輸，用鋒利的刀子割斷拴著小海象的繩子。奇蹟再次發生，因為放了小海象，那些成年海象像是做交換似的也放了摩爾的表弟，摩爾的表弟總算才撿回了一條命。

然而，這次歷險，讓摩爾和他的表弟卻幡然醒悟，原來每個生命都值得用盡全力去捍衛，去保護，誰也無權去剝奪牠們的生存權利。若干年後，摩爾不但放棄了偷獵，而且加入了當地海洋動物保護協會，用現身說法告誡著偷獵的漁民，不要懷揣著陰謀和貪婪，去對待另一類的生命，否則，歸還你的必將是復仇和抗爭。

良知是最高的法律

漢斯出生在德國東部地區一個貧困的家庭裡，五歲那年，漢斯患上了一場大病，他的父母因無錢替他治病，只好忍痛把兩歲的妹妹賣給了西德的一個商人。他清楚地記得妹妹被帶走的那一天，他哭得天昏地暗，後來，他在心裡暗暗許下了心願，等他長大了，一定要把妹妹找回來。

隨著漢斯一天天長大，他的父母卻又因病先後離開了他。悲痛欲絕的漢斯，更加深切地思念起遠方的妹妹，他多想去尋找妹妹啊，因為在這個世界上，只有妹妹和他可以相依為命了。

可是，在東德與西德之間橫亙著一條長長的柏林圍牆，他一直無法踰越這道屏障。然而，機會終於來了。在他二十歲時，柏林圍牆被推倒，漢斯因此按捺不住內心的狂喜，決定立刻前往西德去尋找妹妹，因為他已經等待了太久太久的時間。

那天，來到柏林圍牆，漢斯看到被拆掉的柏林圍牆兩側依然有警察站崗，但是他已經顧不了那麼多了，就在漢斯偷偷跨越邊界線準備奔向西德時，一名正在值勤的警察卻向他開了槍。頃刻間，鮮血從他的體內噴湧而出。漢斯死了，帶走了他沒有完成的心願。後來，此事被媒體披露，一時間引起了無數人的憤慨，很多人對開搶的警察進行了嚴厲的譴責，甚至有人將他告上了軍事法庭。也有些人為此很不解，身為一名警察何以對一個無辜的青年下此毒手呢？

原來，二戰後，德國的東部地區經濟蕭條，越來越多的居民從邊境跑到了西德去尋求發展，其中大部分是年輕人，這嚴重地威脅著民主德國的經濟發展和政治穩定。一九六一年五月民主德國中央政治局為遏制這一現象，決定建立一座柏林圍牆來阻止外逃的浪潮。一九六一年八月十三日凌晨，一道神奇的柏林圍牆落在東西兩德之間。

從此，這道柏林圍牆卻在人們的心裡形成了一條無形的鴻溝，尤其對於每一個經歷冷戰時期國家分裂的德國人來說，都是一種深深的傷害。但這一切，並沒有使東德的經濟有什麼改觀，他們依然貧窮、失業。於是，為了刺激東部經濟的發展、實現兩德的統一，德國聯邦政府於一九八九年十一月九日宣布將柏林圍牆推翻。柏林圍牆的轟然倒塌，卻並沒有從根本上實現兩德人民的正常交流，政府依然設卡干涉居民前往西德。

法庭上，當人們憤怒地指責那個值勤警察時，其辯護律師卻辯解道：開槍是為了服從和執行業時政府法令和上級指令，罪不在他。但法官也義正詞嚴地指出：作為警察，不執行上級命令是有罪的，但打不準是無罪的。是的，作為一個心智健全的人，你可以執行上級的命令，但你也有把槍口抬高一公分的主動權，沒有人會因為你開槍打不準而治罪於你，這是你應主動承擔的良心義務，任何執法者都不能以服從命令為藉口超越法治和倫理的底線，只有良知才是最高的法律。

把槍口抬高一公分，既是一種人生的智慧，也展現了你做人的良知。無論何時何地，如果你擁有了「把槍口抬高一公分」的智慧，那麼你就守住了道德的底線。

給無助的孩子一個上帝

「親愛的麥森，還有幾天就是你的生日了，不管你想得到什麼樣的禮物，媽媽都會滿足你的，哪怕你想要一隻真正的泰迪熊。」醫院裡，麥森．魯德爾的媽媽親暱地對六歲的兒子說。

「媽媽，我不要什麼禮物，也不要什麼泰迪熊，我只喜歡美國特種部隊海豹突擊隊，希望長大後能成為他們中的一員。」聽完兒子的話，麥森的媽媽立刻淚流滿面。是的，她可以在兒子的有生之年，盡量滿足兒子的任何願望，哪怕傾其所有，但她這個做母親的，卻如何能讓這個無助的孩子成為美國特種部隊海豹突擊隊的一員呢？

麥森．魯德爾出生在美國堪薩斯州的一個平民家庭，然而他的到來，一家人還沒來得及從喜悅中回過神來，悲傷便接踵而至。因為他們發現這個愛哭的孩子實在有些不對勁，於是，急忙把孩子抱到醫院裡，經專家診斷，麥森．魯德爾患的是罕見的多發性翼狀膜症候群（Escobar Syndrome）。因此，一直到麥森．魯德爾長到六歲，這個四肢癱軟、行動不便的孩子已經動過十次手術，所以麥森的大部分時間都是在醫院裡度過的。

但就是這樣一個無助的男孩，心中卻存有一個永遠也不可能實現的夢想，這又如何不讓一個做母親的傷心欲絕？

那麼，麥森為什麼如此迷戀美國海豹突擊隊呢？原來，美國海豹突擊隊不僅是世界十大特種部隊之一，最主要的是這些突擊隊員們個個文武雙全，體魄強健，無論是執行任務還是訓練，海豹突擊隊都憑藉出色的表現而成為特種部隊的傳奇。他們幾乎參與了每一次重大的現代戰爭和反恐事件，最著名的當屬擊殺了恐怖頭子賓拉登。因此，很多人都把自己有朝一日能成為一名海豹突擊隊隊員當成自己一生的最高榮譽，自然，小麥森也不例外。

當然，小麥森之所以對海豹突擊隊如此狂熱，除了受海豹突擊隊的傳奇影響外，部分原因卻是其爺爺就是一名海豹突擊隊隊員。雖然他的爺爺在一次執行任務中英勇犧牲，但麥森的身邊卻始終儲存著一張爺爺穿制服的英武照片。

那天，當麥森再次纏著母親討論如何要成為海豹突擊隊一員時，他們的談話正好被查房的護士艾莉娜聽到，艾莉娜在了解了麥森的願望後，被這個執著的小男孩深深感動了。於是，她悄悄寫了一封信給美國海豹突擊隊：再過幾天就是六歲男孩麥森・魯德爾的生日了，他希望長大後成為你們中的一員，但他也許沒有長大的那一天，因為他是一名多發性翼狀膜症候群患者，惡魔隨時都會向他伸出魔爪，你們是否願意幫助他實現這個願望呢？

沒想到的是，艾莉娜很快接到了署名海豹突擊隊隊員的回信，告訴她，他們很願意幫助這個孩子提前「實現」自己當海豹突擊隊隊員的願望，同時也希望在醫院的配合下，在麥森生日那天，給他一個意外的驚喜。

三月三十正是麥森的生日，這一天，似乎與往日沒有什麼不同，麥森像往常一樣躺在病床上靜靜地掛著點滴。十點鐘，當一瓶點滴掛完後，護士艾莉娜推著一個輪椅來到麥森面前，說要帶他到一個基地去。

來到基地門口，就在麥森感到莫名其妙時，一群海豹突擊隊隊員如天兵天將一般駕車來到了他的面前，邀請小麥森來當突擊隊隊長，帶領全隊展開突擊訓練。這讓他簡直驚呆了，等回過神來後，小麥森急忙在突擊隊員的幫助下換上隊服，戴上軍帽，威風凜凜地帶領隊員們開始一連串攻堅行動，一些隊員先假裝爆破大門後入內，小麥森則拿著和自己身高差不多的槍，和其他隊員一起「清理」每一間房……這次活動，讓他相當滿足，覺得十分過癮。

事後，這件事很快被新聞媒體曝光，當記者大讚海豹突擊隊不惜大費周折來成全一個小男孩願望的善舉時，他們的回答卻很詼諧：「有人說，世上每個人都是被上帝咬過一口的蘋果，都是有缺陷的人。有些人缺陷比較大，是因為上帝特別寵愛他的芬芳。而我們只不過是上帝派來的使者，來寵愛這個孩子罷了。希望麥森能過一個快樂的生日！」

給無助的孩子一個上帝，不僅幫這個無助的孩子圓了夢，也展現了海豹突擊隊隊員們對孩子最純樸的愛。

向鮭魚妥協

在美國的華盛頓州，有一條寬闊而美麗的艾爾華河，在這條歡快而清澈的河水裡，生長著成千上萬的鮭魚，牠們世代繁衍，過著無憂無慮的生活。在這條美麗的河水兩岸也生活著為數不多的居民。

建國初期，美國政府為了加快河岸兩地的經濟繁榮，讓更多外來者來這裡定居，讓他們開拓城鎮，過上自給自足的生活，美國方面開始計劃興修水利大壩。自一九二一年、一九二六年期間，艾爾華河上兩個大壩相繼落成，這無疑給河水兩岸的居民帶來了便利，也如願以償地吸引了許多外來定居者。

就在人們安居樂業，生活蒸蒸日上的時候，二〇〇八年，以歐巴馬為首的美國政府，卻發出了一道指令，決定從二〇一一年九月開始正式拆除艾爾華河的兩座大壩，並將在二〇一四年前全部拆除完畢。一時間，外界一片譁然，是什麼讓美國政府孤注一擲做出如此的決定？

帶著疑問，無數的記者湧向了美國的華盛頓州來尋找答案。經多方調查，他們終於得出了結論。原來，在艾爾華河中，每年都有六種從太平洋遷居過來的鮭魚以及虹鱒。這些普通的鮭魚，長到成年後，一般體長八十至一百五十公分，重約五至二十磅；而虹鱒魚的體形則小得多，一般長到零點五磅重。讓人震驚的是，在這條河裡，還生長著一種傳奇性的魚類，牠就是種類特別的帝王鮭，牠個頭特別大，可以長到一百磅重。通常普通鮭魚的壽命只有四到五年，但帝王鮭的壽命卻可以奇蹟般地延長到二十年。而欽努克之所以體積這麼大，可能和牠生活的環境有關，因為牠擅長在艾爾華河上游激流和狹窄的山谷中暢游，也就是說，牠有個非常舒適愜意，很適合自己成長的「家園」。

然而，隨著水利大壩的興建，從此卻徹底改寫了這些鮭魚的命運。因為大壩將河流一截為二，大批鮭魚按照慣性從太平洋進入美國華盛頓州艾爾華河時，在它們從下游牠向上游八公里之處，碰到的卻是鋼筋水泥的大壩，截斷了這些鮭魚洄游通道，因此，他們只能在下游僅八公里左右的河道中生存。由於這些鮭魚無法在多峽谷的上游產卵，再加上大壩水庫中的水是靜止的，容易吸收太陽輻射，使得水溫升高，氧氣減少，導致這些鮭魚逐年減少。

截止到一九九〇年代，艾爾華河由修壩之前的三十萬條鮭魚，只剩下了現在的三千條。另外，據一些生態學家發現，因為鮭魚數量的減少，也直接影響了當地以魚為食的黑熊和老鷹等其他動物的生長，令整個生態鏈受到了損壞。動物受到傷害，生態受到威脅，在這種情況下，當地的居民以及漁業保護組織開始警覺起來，他們聯合向政府呼籲：「拆除大壩，救救那些僅存的鮭魚。」由此，美國政府從一九九〇年代開始也正式把拆除大壩納入了議事日程。

鑑於大壩給河水兩岸的居民帶來了確實不錯的經濟效益，與大壩造成環境生態的惡劣影響相比，美國政府內部也發出了不同的聲音，反對拆除大壩者有之，選擇恢復生態環境的呼聲也不在少數。最後，歷經二十年的政治博弈，美國政府終於全面向鮭魚妥協，保護生態環境最終戰勝了一切。

艾爾華河兩岸的居民寧肯失去便利的生活條件，也要給鮭魚一個生存空間，讓世人刮目相看。而美國政府以及公民為了保護生態平衡不惜向鮭魚妥協則讓世人為之讚嘆。

愛是人世間最美的語言

泰國是一個極富宗教色彩的國度，生態優美，野生動物繁多，且寺廟林立。在眾多的寺廟中，卻有一座與眾不同的寺廟引起了人們的注意，因為這座寺廟中生活著幾十隻老虎。

這些看似凶猛的老虎，每天溫順地與寺廟中的僧人朝夕相處。久而久之，人們竟然忘記了寺廟原本的名字，都管這裡叫做虎廟。

那麼，虎廟中的僧人怎麼與老虎走到了一起呢？

是這樣的，多年前一隻虎媽媽吃了當地農民的乳牛而被槍殺，小虎崽被賣給了當地一個製作標本的人。當時，小老虎已經被注射了藥物，背部的皮也已經被切開，就在牠危在旦夕之時，一個好心人花了五千泰銖把牠買了下來，送到了寺廟裡。

從此，僧人阿贊便擔負起了精心照料小老虎的責任。但不幸的是，幾個月之後，歷經磨難的小老虎還是夭折了，阿贊為此痛不欲生。

但阿贊收養老虎孤兒的故事就這樣傳播開來。不久後，又有兩個克倫族人送來了兩隻老虎孤兒。此後，時不時會有小老虎被送進來，而且牠們都有著相同的故事：為了錢，那些偷獵者喪心病狂，不惜將虎媽媽殺害，牠們便成了孤兒。於是，越來越多的僧人開始和阿贊一起照顧這些老虎孤兒。

自此，寺廟裡的老虎就越來越多，數目甚至超過了僧人。僧人則像對待自己的孩子一樣把牠們撫養長大。後來，僧人們便試圖讓這些老虎回歸大自然。於是，在一個晴朗的早晨，僧人便帶著這些老虎走進了深山老林……可是，當他們回到寺廟時，眼前的一幕讓他們驚呆了：那些老虎已經比他們還早一步回到了寺廟。

看到僧人的一剎那，一隻隻老虎撲向了僧人，用兩隻前爪環繞著僧人的脖子，伸出舌頭舔舐著僧人的臉，彷彿孩子見到了久別的媽媽一樣。從此，這些老虎開始正式在寺廟裡安家，並與僧人之間結下了深厚的感情。

慈悲的出家人與獸中之王同處一寺、和諧相處的事蹟很快吸引了眾多媒體的關注。泰國電視臺播放了相關的專題片，美國《時代》週刊還將虎廟列為「和平共處的最佳課堂」。虎廟也因此引來了無數的遊客。這時的阿贊也從中也覺察到了敏銳的商機，開始正式訓練老虎。

這些受過恩惠的老虎，就像「感恩」似的，在僧人的調教下很快掌握了許多本領。當遊客們前往虎廟觀光，並想靠近老虎拍照時，僧人只要在老虎的耳邊輕輕低語幾句，老虎便會心領神會。

於是，這些獸中之王非但不與人作惡，而且變得非常溫順。當然，一些特殊的合影，費用是每人一千四百泰銖，這些特殊的合影包括讓老虎的頭枕在遊客的腿上，讓老虎仰臥，或者是讓老虎跳躍等。而老虎也由此給虎廟帶來了源源不斷的財富。

面對越來越多的財富，一個夢想在阿贊的心中誕生：有朝一日建立一個老虎島，遊客隔著護城河可以觀察老虎在裡面自由活動，自己捕獵，恢復野性。

當然，實現這個夢想還需要更多的錢，虎廟沒有任何來自政府的財政支持，所需要的錢都將來自遊客的參觀收入和捐贈。阿贊經常在老虎的耳邊低語：「你們一定要努力賺錢，為你們的將來賺錢。這是一個遙遠的夢，但一定要堅持。」或者老虎根本就聽不懂阿贊的話，可是誰又能說愛不是人與動物之間共同的語言呢？

愛是人世間最美的語言。世界因為愛，而多了感動；世界因為感動，而多了感恩。或許感恩只是動物的一種簡單習性，但因為懂得了感恩，也才能為自己尋求一種救贖的法寶，給自己帶來一個美好的未來。因此，人虎共存的和諧之美，也必將使阿贊的夢想變為現實。

向洗衣女工道歉

愛爾蘭是一個歷史悠久的國家，也是歐洲少有的幾個虔誠信仰宗教的國家之一。它民風純樸、人心善良、一直是一個極為平和的國家。然而，就是這樣一個具有宗教色彩的民族，在二十世紀卻犯下了虐待洗衣女工的錯誤。

那是一九二二至一九九六年期間，愛爾蘭教會組織將超過一萬名婦女送往「瑪德蓮洗衣工場」充當免費勞工，因為這些女性被懷疑屬於「娼妓」，包括那些未婚懷孕或在這個以羅馬天主教為主的國家被標記為淫亂或輕浮的女性。

十三歲的愛麗娜就是在那時候被人稀里糊塗地送進了洗衣工場。來到這裡後，小小年紀的她，被人強迫每天做和成年人一樣的粗活。可是，她畢竟還是個孩子，每當別人洗完了一天的衣服下工後，她卻還有一大堆的衣服沒有洗完。面對這樣一個孩子，那些教會成員負責人，非但沒有同情她，憐憫她，反而對她進行了責罰，白天洗不完，那就晚上繼續洗，直到把衣服洗完才允許睡覺。而八十歲的奶奶級人物珍妮佛也未能倖免於難地被送進瑪德蓮洗衣工場。在這裡，她同樣遭到了非人的苛責，每天繁重的體力勞動使珍妮佛很快就累得直不起腰來，那些教會成員負責人哪管這些，每天依然指使珍妮佛上工。可憐這個八十歲的老人，最終卻沒能走出洗衣工場。

而在瑪德蓮洗衣工場，無數的洗衣女工和愛麗娜、珍妮佛的命運一樣，她們的身體遭到了摧殘，她們的精神受到了創傷。而在這些洗衣女工中，她們最小的只有九歲，最老的卻是八十九歲。他們被送到馬格達倫的教會洗衣房，在惡劣環境中超負荷工作，卻從未獲得分毫酬勞，相反，教會組織卻以商業機構模式經營這些洗衣工場，進行對外牟利。

令人遺憾的是，在這場虐待女工的事件裡，超過百分之二十五的女工都是由愛爾蘭政府送去瑪德蓮洗衣工場的。所以，儘管那些不堪回首的往事已經走遠，可是那些倖存的洗衣女工，因為受到了不平等的待遇卻從來沒有停止過向政府申訴。直到二〇一一年七月，愛爾蘭政府才真正重視這起事件，由前愛爾蘭總統瑪麗・麥卡利斯的參議員丈夫馬丁・麥卡利斯負責調查此事。

當馬丁・麥卡利斯將調查結果送到政府面前時，政府內部卻發出了不同的聲音，有人說：「在愛爾蘭，一旦被標記為『娼妓』，就應該承受苦痛並無法得到理解。」此言一出，議論譁然，那些「為瑪德蓮尋求正義」的人們將政府辦公室圍了個水洩不通，要求以總理為代表的政府立刻向洗衣女工道歉，並呼籲政府建立一個透明公正的補償機制，包括為所有倖存者訂立賠償條款，提供救濟等。

迫於輿論的壓力，二〇一三年二月十九日，愛爾蘭總理恩達・肯尼代表政府向媒體公開回應：承認愛爾蘭政府曾讓部分女工受苦，並向二十世紀遭教會洗衣房受「剝削」的洗衣女工道歉。承諾對瑪德蓮洗衣女工的倖存者及死者家屬進行賠償。至此，這件虐待洗衣女工的事件才終於告一段落。

在靈魂的天平上，一個人無論高低貴賤，尊嚴是等值的，人格是平等的。愛爾蘭總理能夠代表政府向洗衣女工道歉，彰顯的是一個國家對人格尊嚴的尊重，這樣的尊重，是一個國家走向強盛的希望所在，也是煥發一個國家人格魅力的動力所在。

樸素是一種生活態度

墨西哥電信大亨卡洛斯·史林是美國《富比士》雜誌新一期富豪榜的世界首富，身家八百四十九億美元。史林的卡爾索集團旗下擁有墨西哥電話公司、拉丁美洲最大行動電話營運商美洲行動通訊公司、百貨大鱷桑伯恩集團等企業，經營涉足旅館、飯店、石油勘探、金融和建築，在墨西哥僱用大約二十一萬名員工。他在海外還持有美國奢侈品零售商薩克斯公司和《紐約時報》的股份。然而，誰能想到，他在生活上卻是一個及其簡樸的人，現年八十四歲的史林至今依然佩戴一塊塑膠手錶，他沒有私人飛機，不喜歡奢侈品，生活日常開銷全部從自己兩萬四千美元月薪中支出。

那年，公司效益不好，同事老武辭職下了海。經過幾年的奮鬥，老武搖身一變，現在已經是腰纏萬貫的大富翁了。那天，老武邀請我們這些昔日的工友到他家裡一敘。路上，我們展開了豐富的想像力：老武家裡裝修得一定像宮殿一樣美麗，老武本人更是西裝革履，皮鞋鋥亮。誰知，等到了老武家後，我們這些人立刻目瞪口呆，跌破眼鏡。原來，老武家裡只是進行了簡單的裝修，乾淨而整潔；老武則身著一套休閒裝，腳上蹬一雙手工布鞋。看出我們的疑惑，老武感慨地說，其實我本來就是一個窮孩子出身，雖然現在有錢了，但是覺得只要家裡乾淨整潔就好，衣服鞋子穿著舒適就行，完全沒必要過奢侈的生活。

我的父母都已退休，生活條件還算不錯。可是，他們卻幾十年如一日，始終保持著樸素的優良傳統和作風。那天，我去父母那裡吃飯，發現父親在修理一臺電風扇。我對父親說：「一臺電風扇也值不了多少錢，幹嘛花那個工夫？」父親反駁說：「修理一下還可以用，幹嘛要浪費那個錢？」我的母親，居然還穿著那件多年前的舊衣服，我也曾多次給母親錢讓她買幾件新衣服，都被母親一一拒絕了，母親說：「這件衣服除了樣式有點過時，它完好無損，而且穿著也舒服，為什麼一定要買新的呢？」其實，想想我們的父母，他們並不缺錢，只是早已經習慣了這種樸素的生活罷了。

有一種生活叫樸素，它是一種崇尚簡單、真實、本色的生活。樸素不是土，不是粗陋，而是一種經過時間沉澱的最清純的美。衣物過時了可以買新的，但有些東西永遠不會過時，比如勤儉樸素，因為它是一種高尚的行為情操，是一種人生追求，一種社會責任，更是一種真誠的生活態度。

人性之光

LINE上，朋友傳來一組圖片給我，說：「這些照片展示的是美國最令人感動的瞬間，相信妳看過之後一定會有所觸動。」

八十多歲的梅蒂太太家住美國華盛頓一個環境優美、景色宜人的社區。這裡不僅有高大挺拔、枝葉繁茂的樹木、有鵝卵石鋪就的小路，還有隨處可見的綠色草坪和繽紛的花朵，賞心悅目。因此，梅蒂太太特別喜歡在社區裡散步。那天，和往常一樣，梅蒂太太正準備下樓去散步。可是，當她和一位同層的年輕男子一同走進了電梯時，突然一聲巨響傳來，電梯發生了故障，梅蒂太太和年輕男子一起被困在了電梯裡。從年輕男子打電話報警到維修工人開始搶修，眼看著十幾分鐘過去了，電梯的故障卻依然沒有排除。梅蒂太太的雙腿開始顫抖起來，她的體力已經嚴重透支。在這緊急關頭，令人意想不到的事情發生了，只見身旁那名年輕的男子雙膝跪地，雙手支撐地面，對身旁的老奶奶說：「奶奶，快坐到我背上來。」於是，梅蒂太太坐在男子背上感人的一幕，被電梯裡的攝影機永遠定格了下來。

這是一組令人心碎卻又令人感動的圖片。故事來源於美國洛杉磯的一個女孩。故事的經過是這樣的：她原本是個幸福快樂的小女孩，平時特別喜歡唱歌，尤其喜歡唱聖誕節讚歌。可是，八歲時，一場厄運向她襲來。那幾天，她突然發起了高燒，起初，父母以為她是傷風感冒，帶她到附近小醫院吃了藥打過針，以為她像以前一樣很快就會好起來。可是，幾天過去了，她的高燒竟然持續不退，她的父母這才意識到問題的嚴重，急忙帶她到大醫院去檢查。結果卻讓他們一家人近乎絕望，因為醫生告訴他們：小女孩得了白血病，而且已經到了晚期，最多能活三個月。儘管小女孩拚盡全力與病魔頑強搏鬥，但最終還是沒能挽留住自己的生命。在她生命彌留之際，她提出了一個願望，那就是可以再過一次聖誕節，聽大家一起唱聖誕節讚歌。她的這一願望很快被社區裡的人知道了，於是，一傳十、十傳百，社區裡成千上萬的人都自發地聚集在她家樓下，為她唱起了聖誕讚歌，實現了她短暫生命中最後的願望。

他是美國休斯頓的一名流浪漢，每天不是睡在街頭巷尾的屋簷下，就是公園的長凳上。從圖片上看，那應該是平安夜吧！流浪漢蜷縮在公園的長凳上，在心裡咒罵著，什麼平安夜，什麼聖誕老人，通通見鬼去吧，還不是讓自己一樣挨凍、挨餓。隨後，他在長凳上不知不覺睡著了，睡夢中，他卻夢到聖誕老人為他送來了掛著綵燈的聖誕樹和聖誕大餐，有蛋糕、布丁和火腿，他似乎還聞到了烤火雞的香味。這股香甜的味道使他從夢中悠悠轉醒，醒來後，這名流浪漢大吃一驚，因為，在他的身邊真的有了一棵聖誕樹，以及聖誕大餐，還有一些生活必需品。流浪漢十分開心。只是他不知道，送這些聖誕禮物的不是聖誕老人，而是兩名陌生的男子。

組圖中，還有老大爺幫一隻大烏龜過馬路的照片；有小寶寶在地鐵上哭泣，地鐵警察為他拉起小提琴的照片；也有童心未泯的老爺爺老奶奶在酒吧裡做填色遊戲的照片……這些溫馨而又閃耀著人性之光的圖片，感動了無數的網民。

其實，在我們身邊，從來都不乏這樣的感動，只是從來沒有想過，早已麻木在金錢社會裡的美國人，也能如此震撼人們的心靈。原來，在這個世界上，無論哪個國度，好人到處都有，感動無處不在。而那些展示美國最令人感動的瞬間，就像鑽石的光芒，熠熠生輝。

遇見一場美麗的意外

我相信，人生就是一場漂泊的漫遊，遇見誰都是一場美麗的意外。就如跟我遇見文字，並與之結緣。

總是感嘆時光如白駒過隙。時至今日，我與文字一起馳騁也有近二十年之久，也曾嘗試過各種不同的題材，但最讓人感動的，依然是生活中那些瑣碎而紛繁的愛……無論是閃爍光輝的美德、滌蕩心靈的歷練、發人深思的智慧，還是帶給讀者無盡感動與啟示的美好情感，都終將是我生命中最珍貴的遇見。

張愛玲說：「於千萬人之中，遇見你要遇見的人。於千萬年之中，時間無涯的荒野裡，沒有早一步，也沒有晚一步，遇上了也唯有輕輕地說一句『哦，原來你也在這裡。』」人生中的遇見，本就是一份意外的驚喜。風塵僕僕中，我們總會邂逅一份份安靜的美好。

就像我的朋友小安一樣。那一年，她的人生跌到了谷底，工作上遭遇瓶頸，要好的朋友去了外地，而和她相戀多年的男友也棄她而去，於是，她每天都煎熬在心灰意冷和感情絕望的境地，精神極度萎靡，自卑孤獨，形單影隻。那天，不知不覺中，她登上了一座高高的山頂，俯瞰山下，出現在她眼前的除了綠色的植被，便是深不可測的溝底，那一刻，只要她輕輕地躍下去，她就會融化在這無底的深淵裡，而所有的煩惱也會隨之而去。可是，突然間，她的眼睛彷彿凝固了一般，就那樣與對面山崖上的一簇花不期而遇。這簇花嬌豔、安靜、美好，就那樣傲立在山崖，不畏風吹日晒，不懼炎炎烈日，向她綻放著陽光般的微笑。也就是那一刻，她的世界一下子春暖花開，一種嶄新的生活也開始向她頻頻致意。原來，人生苦旅中的相遇，竟是那樣的美麗。

人生中的相遇，本就像流星一般，縱然是一瞬間的碰撞，也會迸發出令人炫目的火花。那一次，我出差到另一個城市，剛下長途巴士，我突然覺得胃一陣的絞痛，就在我痛得死去活來的時候，一個穿白襯衫的男孩從我的對面款款走來，男孩在經過我身邊時，可能看到了我痛苦的樣子，便問我：「看妳臉色那麼差，是不是哪裡不舒服？」我說：「我胃痛得厲害。」聽完我的話，男孩子二話不說，急忙上前扶住了我，說：「走，我送妳去醫院。」

接下來，在醫院裡，掛急診、吃藥、打點滴，一直折騰了半天，我的胃才漸漸好轉起來。等我們從醫院出來時，男孩這才突然想起了什麼似地說：「壞了，今天有個面試，我得趕緊走了。」就這樣，我還沒來得及說感激的話，沒來得及還男孩為我墊付的醫藥費，也沒來得及沒向男孩要電話號碼，男孩便一溜煙消失得無影無蹤了。後來，我也曾多次到這座城市尋找男孩子的蹤影，卻再也沒有遇見過他，雖然有些遺憾，但我依然感謝上天賜予了我這麼一段曾經那麼美好的相遇。

生命裡總是有太多美好的相遇。大街上，川流不息的人群裡，當一張陌生的面孔向你報以微笑，那微笑，總能讓你由相見不相識的涇渭分明頓時化作觸手可及的溫潤；風雨裡，當你狼狽地四處躲避風雨，不知不覺中一把花色的雨傘，為你遮擋了所有的風雨，那一刻，你的心彷彿就像遇到一棵會開花的樹，朵朵鮮花綻放在你的心裡；茫茫人海中，你遇見了誰，誰又遇見了你？原來，這人世間所有的行走，只是為了美麗的遇見。

人生路漫漫，我們依然會遇見安靜的美好，煙雨紅塵中，我願在時光的隧道裡，安靜地守候那些遇見，安靜地溫暖那些遇見，而後在美麗的遇見中，寂靜歡喜。

電子書購買　　爽讀 APP

國家圖書館出版品預行編目資料

行動力，在苦澀現實中釋出心底的善意：留心周遭 × 練習微笑 × 無私援助 × 及時付出，用真誠對待周遭人事物，愛與被愛的記憶永遠傳承 / 花瓣雨 著 . -- 第一版 . -- 臺北市：樂律文化事業有限公司 , 2024.12
面；　公分
POD 版
ISBN 978-626-7552-91-9(平裝)
1.CST: 人生哲學 2.CST: 自我實現 3.CST: 成功法
191.9　　　　　113017903

行動力，在苦澀現實中釋出心底的善意：留心周遭 × 練習微笑 × 無私援助 × 及時付出，用真誠對待周遭人事物，愛與被愛的記憶永遠傳承

臉書

作　　者：花瓣雨
責任編輯：高惠娟
發 行 人：黃振庭
出 版 者：樂律文化事業有限公司
發 行 者：崧博出版事業有限公司
E-mail：sonbookservice@gmail.com
粉 絲 頁：https://www.facebook.com/sonbookss/
網　　址：https://sonbook.net/
地　　址：台北市中正區重慶南路一段 61 號 8 樓
8F., No.61, Sec. 1, Chongqing S. Rd., Zhongzheng Dist., Taipei City 100, Taiwan
電　　話：(02) 2370-3310　　　傳　　真：(02) 2388-1990
律師顧問：廣華律師事務所 張珮琦律師
定　　價：375 元
發行日期：2024 年 12 月第一版
◎本書以 POD 印製
Design Assets from Freepik.com